# Die Römer

## Geschichte · Alltag · Kultur

Anthony Marks und Graham Tingay

Illustrationen: Ian Jackson, Gerald Wood, Peter Dennis, Richard Draper, James Field, Nigel Wright und Robert Walster

*ars edition*

# Inhalt

- 2 Zu diesem Buch
- 3 Woher unser Wissen über die Römer stammt
- 4 Die Gründung Roms
- 6 Die Frühzeit der Republik
- 8 Rom wird Großmacht
- 10 Die soziale und politische Ordnung Roms
- 12 Das Ende der römischen Republik
- 14 Das Heer
- 16 Ein Soldatenleben
- 18 Straßen
- 20 Schiffe und Schiffahrt
- 22 Von der Republik zum Kaiserreich
- 24 Die Frühzeit des Kaiserreichs
- 26 Die Verwaltung des Reichs
- 28 Belagerung und militärische Anlagen
- 30 Römische Städte
- 32 Die Stadt Rom
- 34 Stadthäuser
- 36 Einrichtung
- 37 Dekoration
- 38 Speisen und Mahlzeiten
- 40 In der Küche
- 41 Schmuck
- 42 Kleidung und Mode
- 44 Die römische Villa
- 46 Landwirtschaft
- 48 Heirat und Geburt
- 49 Totenfeier und Bestattung
- 50 Erziehung
- 52 Arbeit und Beruf
- 54 Geld und Handel
- 56 Unterhaltung
- 58 Rennen und Spiele
- 59 Gladiatorenkämpfe
- 60 Thermen
- 62 Religion
- 64 Göttinnen und Götter
- 66 Feste
- 68 Heilkunde
- 70 Architektur
- 72 Bautechnik
- 74 Rechtswesen
- 76 Die späte Kaiserzeit
- 78 Das Reich nach Konstantin
- 80 Das Byzantinische Reich
- 81 Worterklärungen
- 84 Persönlichkeiten im alten Rom
- 88 Zeittafel
- 90 Roms Vermächtnis
- 92 Register

## Zu diesem Buch

Die Stadt Rom wurde der Sage nach um 753 v. Chr. gegründet. Um 100 v. Chr. herrschten die Römer über ein riesiges Reich. Sie hielten sich jahrhundertelang an der Macht, und der Einfluß ihrer Kultur wirkt bis heute nach. In diesem Buch werden Aufstieg und Niedergang des Römischen Reiches, aber auch der römische Alltag geschildert.

### Jahreszahlen

Ein großer Teil der römischen Geschichte spielte sich vor der Geburt Christi ab. Bei den entsprechenden Jahreszahlen steht deshalb stets der Zusatz »v. Chr.«. Diese Jahreszahlen laufen »rückwärts« ab: Die Jahre von 199 v. Chr. bis 100 v. Chr. gelten als das 2. Jahrhundert vor Christi Geburt.

Kein Zusatz oder die Bezeichnung »n. Chr.« hinter einer Jahreszahl bedeutet, daß sich das genannte Ereignis nach Christi Geburt zugetragen hat. Das Wörtchen »um« vor einer Jahreszahl wird verwendet, wenn sich ein Ereignis nicht genau datieren läßt.

### Epochen der römischen Geschichte

Im allgemeinen wird zwischen zwei Hauptepochen unterschieden: Das Zeitalter der Republik begann nach der Überlieferung um 510 oder 509 v. Chr. mit der Vertreibung des letzten Königs. Die darauf folgende Epoche des Kaiserreiches begann 27 v. Chr. mit der Thronbesteigung des ersten römischen Kaisers.

# Woher unser Wissen über die Römer stammt

Obwohl der Beginn der römischen Kultur schon über zweitausend Jahre zurückliegt, wissen wir über das Leben der Römer eine ganze Menge, vieles davon aus den folgenden Quellen. Auf ihnen beruhen die Informationen in diesem Buch.

Viele römische Bauwerke sind fast vollständig erhalten. Daher kennen wir die Bauweise der Römer und ihre Architektur. Ruinenstädte, Straßen und Wasserleitungen geben Aufschluß über Planung und technische Ausführung. Statuen, Wandgemälde und Mosaiken zeigen häufig Szenen aus dem römischen Alltag.

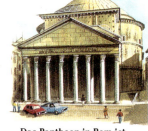

**Das Pantheon in Rom ist noch fast gänzlich erhalten.**

**Alte römische Schuhe wie diese wurden häufig gefunden.**

Tonscherben helfen das Alter römischer Überreste zu bestimmen, denn der Stil der Töpferei ist leicht zu datieren. Wenn die Experten das Alter von Tonscherben am Grund eines Brunnens bestimmen können, haben sie damit einen Anhaltspunkt für das Alter anderer Gegenstände vom selben Ort.

In Bauwerken findet man Dinge wie Werkzeug, Gebrauchsgegenstände, Schmuck und Spielzeug. Manches ist gut erhalten, besonders wenn es nach einem Vulkanausbruch durch Asche und Schlamm vor dem Verfall geschützt wurde.

**Die Archäologen sammeln und registrieren alles, was sie finden.**

Römische Münzen sind meist leicht zu datieren, da sie Ereignisse abbilden, die in römischen Schriften erwähnt sind. Sie können auch Auskunft darüber geben, wann die Gebäude, in denen sie gefunden wurden, gebaut wurden oder bewohnt waren. Römische Münzen, die man in Indien oder Skandinavien gefunden hat, beweisen, daß römische Händler weit über die Grenzen ihres Reiches hinausgelangt sind.

**Diese Münze erinnert an die Eroberung Ägyptens durch die Römer.**

Viel von unserem Wissen über die Römer stammt aus ihren eigenen Schriften. Zwar sind nur wenige im Original erhalten, doch haben die Mönche im Mittelalter und spätere Gelehrte Abschriften angefertigt. Dadurch besitzen wir die Werke vieler römischer Schriftsteller über Geschichte, Politik und Philosophie, aber auch Theaterstücke, Gedichte und Briefe. So gewinnen wir Einblick in das Leben und die Persönlichkeit der Menschen im alten Rom.

Aber es gibt auch noch andere Quellen, aus denen man viel über die Römer erfahren kann: Überall im römischen Reich wurden in die Mauern öffentlicher Gebäude Gesetze, Verträge, Finanzgeschäfte und Militärberichte gemeißelt. Auch Grabstätten geben in Schrift und Bild Auskunft über das Leben und Sterben der darin Begrabenen.

**Dieses Grabmal aus Stein zeigt einen römischen Schiffsbauer bei der Arbeit.**

## Wichtige Jahreszahlen
Unter dieser Überschrift befindet sich auf manchen Seiten ein Überblick über wichtige Ereignisse eines bestimmten Zeitraums. Einen Gesamtüberblick über die in diesem Buch erwähnten Ereignisse gibt die Zusammenstellung auf den Seiten 88-89.

## Unbekannte Namen und Ausdrücke
Kursiv gedruckte Wörter stammen aus dem Lateinischen, der Sprache der alten Römer. Wenn du ein Wort nicht verstehst, kannst du es in der Liste mit den Worterklärungen auf den Seiten 81-83 nachschlagen. Handelt es sich um eine Person, schaust du auf den Seiten 84-87 nach.

## Historische Stätten
Auf den Kartenausschnitten siehst du, wo wichtige Ereignisse stattgefunden haben. Der Maßstab, in dem die Ausschnitte gezeigt werden, ist nicht immer gleich.

## Zum Nachschlagen
Auf Seite 81 beginnt der Anhang. Er enthält eine Liste mit Worterklärungen, Kurzbiographien wichtiger Persönlichkeiten aus dem alten Rom, einen ausführlichen Abriß der römischen Geschichte sowie weitere Informationen und ein Register.

# Die Gründung Roms

Nach der Überlieferung wurde die Stadt Rom im 8. Jahrhundert v. Chr. im heutigen Italien gegründet. Die Geographie Italiens hat die Geschichte beeinflußt: Es ist ein rauhes Bergland, das vom zentralen Massiv des Apennins durchzogen wird. An der Westküste, in den Flußtälern des Arno, Volturno und Tiber, liegen die fruchtbarsten Teile des Landes. Rom wurde am Tiber in der Ebene von Latium errichtet.

## Die frühe Besiedlung Italiens

Schon lange vor der Gründung Roms wanderten verschiedene Völker aus anderen Gegenden Europas nach Italien ein. Diese Karte zeigt, wo sie herkamen.

Etwa um 2000 v. Chr. begannen Einwanderer aus Mitteleuropa (darunter die Latiner) über die Alpen nach Italien vorzudringen. Sie ließen sich vor allem im Nordwesten nieder.

Um 750 v. Chr. besiedelten griechische Einwanderer den Süden Italiens und die Küste Siziliens. Deshalb nannten die Römer das Gebiet später *Magna Graecia* (Großgriechenland).

- Einwanderer aus Mitteleuropa
- Einwanderer aus Griechenland
- Mutmaßliche Route der Etrusker
- Einwanderer aus Nordafrika

Phönizisches Gefäß

Von Nordafrika aus besiedelten u. a. die Phönizier Sizilien, Sardinien und Korsika.

Etruskische Maske

Die Etrusker (siehe unten) haben Italien vermutlich um 800 v. Chr. auf dem Seeweg erreicht. Sie ließen sich hauptsächlich nördlich und südlich der Ebene von Latium nieder.

Griechische Vase

## Die Etrusker

Über die Herkunft der Etrusker ist wenig bekannt. Vermutlich lebten sie in Kleinasien (heute Türkei), bevor sie nach Etrurien in Italien kamen. Sie wurden von Königen regiert und lebten in gut angelegten, befestigten Städten. Ihre Kultur blühte von 800 bis 400 v. Chr. Sie übernahmen das griechische Alphabet und hinterließen kunstvolle Arbeiten aus Bronze, Eisen und Edelmetall. Ihre Handelsbeziehungen reichten bis nach Griechenland und in den Nahen Osten, und ihr Reich erstreckte sich eine Zeitlang vom Po bis nach Neapel.

◀ Eine der zahlreichen etruskischen Kriegerstatuen

Die Etrusker ehrten ihre Toten, indem ▲ sie in reichverzierten Sarkophagen aus Terrakotta, einer besonderen Tonware, begraben wurden.

Tempelschmuck aus ▶ Terrakotta, genannt *antefix* ▼

Diese Reiter-Figur ziert eine etruskische Bronzeschale. ▼

## Die ersten Siedlungen

Rom entstand aus mehreren Dörfern, die latinische Einwanderer etwa 25 km landeinwärts am Tiber anlegten. An dieser Stelle gab es eine kleine Insel und eine Furt, so daß man den Fluß zu Fuß überqueren konnte. Außerdem war der Tiber bis dahin schiffbar. Die Dörfer verteilten sich auf sieben Hügel; als einer der ersten wurde der Palatin besiedelt. Die Siedlungen waren sehr günstig gelegen, da eine der wichtigsten Handelsstraßen an ihnen vorbeiführte. Mit der Zeit verschmolzen sie zu einer Stadt.

**Eine frühe römische Siedlung**

Die Frühgeschichte Roms ist fast nur aus Sagen bekannt. Danach soll die Gründung Roms 753 v. Chr. erfolgt sein, doch das genaue Datum ist in Wirklichkeit unbekannt. Die Dörfer könnten aber um diese Zeit entstanden sein. Eine Legende besagt, daß der trojanische Fürst Aeneas nach Italien entkam, nachdem die Griechen die Stadt Troja (im Nordwesten Kleinasiens) erobert und fast alle Einwohner getötet hatten.

**Aeneas flieht aus Troja.**

Er landete in Laurentum an der Westküste Italiens, verbündete sich mit Latinus, dem König der Latiner, und heiratete dessen Tochter Lavinia. Ihr Sohn Ascanius gründete die Stadt Alba Longa, und seine Nachfolger regierten über 400 Jahre lang. Nach der Vertreibung des letzten Königs wurden dessen Enkel, die Zwillinge Romulus und Remus, ausgesetzt. Eine Wölfin säugte sie und zog sie auf.

**Standbild der Wölfin, die die Zwillinge säugte**

## Eine neue Stadt

Später beschlossen die Zwillinge, an der Stelle, an der sie ausgesetzt worden waren, eine Stadt zu errichten. Sie warfen mit dem Pflug einen Grenzwall auf. Als Remus die Furche aber zum Spott übersprang, geriet Romulus außer sich vor Wut und tötete den Bruder. Er gab der Stadt seinen Namen und wurde ihr erster Herrscher. Auf Romulus folgten sechs Könige: Numa Pompilius, Tullus Hostilius, Ancus Martius, Tarquinius Priscus, Servius Tullius und Tarquinius Superbus. Rom wurde auf sieben Hügeln erbaut. Teile der Servianischen Mauer, der Stadtmauer, die Servius Tullius errichtet haben soll, sind noch erhalten.

**Die sieben Hügel von Rom**

## Der Einfluß der Etrusker

Während der Frühzeit wurde Rom lange von den Etruskern regiert, die den Latinern überlegen waren. Unter ihrem Einfluß wurde Rom eine große Stadt, die das Tibertal beherrschte. Doch dann verloren sie allmählich die Vormacht in Latium. Der letzte etruskische König wurde aus Rom verjagt. Dies soll im Jahr 510 oder 509 v. Chr. geschehen sein. Danach wurde Rom eine unabhängige Republik (zur Staatsform siehe Seite 10-11), aber der etruskische Einfluß blieb noch lange Zeit erhalten.

**Roms erste Kanalisation stammt von den Etruskern.**

Die *toga* der Römer hat sich aus einem etruskischen Gewand, wie es die Statue trägt, entwickelt (rechts). ▶

Etruskische Soldaten trugen offiziell die *fasces*, eine mit einem Rutenbündel zusammengebundene Axt. Dieses Wahrzeichen wurde von den ▶ Römern übernommen.

### Wichtige Jahreszahlen

**Ab 2000 v. Chr.:** Einwanderung nach Italien von Norden her.
**Um 800 v. Chr.:** Die Etrusker landen an der Küste Italiens.
**753 v. Chr.:** Nach der Sage Gründung Roms.
**Um 750 v. Chr.:** Griechische Einwanderer besiedeln die südliche Küste Italiens und Sizilien.
**510 oder 509 v. Chr.:** Nach der Überlieferung Vertreibung des letzten Königs aus Rom; Rom wird Republik.
**Um 400 v. Chr.:** Niedergang der Etrusker.

# Die Frühzeit der Republik

Einige Städte in Latium schlossen ein Bündnis und forderten die neue Republik Rom heraus. Die Römer wurden 496 v. Chr. am Regillus-See geschlagen und mußten dem Bündnis beitreten. Im folgenden Jahrhundert führte Rom immer wieder Krieg gegen die umliegenden Bergstämme.

Damals waren die Römer meist arme Bauern, die im Krieg vor allem ihr Land verteidigten. Nach jahrelangem harten Kampf und klugem politischen Taktieren hatten die Römer jedoch um 400 v. Chr. ihr Territorium verdoppelt. Rom stieg zur führenden Macht im Latinerbund auf.

Angehörige der wilden Bergstämme der Volsker, Äquer und Sabiner greifen römische Bauernhöfe an.

## Kelteneinfall in Rom

Im Jahr 387 v. Chr. besiegten die Kelten das römische Heer am Fluß Allia und nahmen Rom ein. Der Geschichtsschreiber Livius berichtet, daß die Bevölkerung in Panik floh und außer einigen Truppen nur die römischen Senatoren blieben. Die Kelten waren völlig verblüfft über die reglos in den Hauseingängen sitzenden Ältesten. Ein Kelte faßte einem Senator an den Bart, erhielt aber sofort einen Schlag mit dessen Elfenbein-Stab. Dies hatte ein Blutbad zur Folge.

Die Kelten töteten die Senatoren und zerstörten Rom mit Ausnahme des Kapitolinischen Hügels. Nach der Sage wurden die Römer auf diesem Hügel von einigen Gänsen gewarnt, die beim nächtlichen Angriff aufgescheucht worden waren. Die Eroberer wurden schließlich mit Gold bestochen und verließen die Stadt.

Der nächtliche Angriff der Kelten auf das Kapitol

## Ausdehnung in Italien

Allmählich erholten sich die Römer von dieser Katastrophe. Um 380 v. Chr. bauten sie einen großen Teil der Stadt Rom wieder auf und umgaben die sieben Hügel mit einer festen Mauer. Mit Hilfe neuer Kriegstechniken (siehe Seite 14) eroberten sie verlorene Gebiete zurück. 338 v. Chr. besiegten die Römer mit den Samniten den Latinerbund und erlangten die Vorherrschaft in Latium. Die Karte zeigt, wo die Stämme zu dieser Zeit lebten.

## Die Samnitenkriege

Im Jahr 326 v. Chr. bat Neapel die Römer um Hilfe gegen die Samniten. Die Samniten widersetzten sich Roms wachsendem Einfluß, und es brach Krieg aus. Die Samnitenkriege dauerten über 40 Jahre. Mit den Samniten wurden auch deren Verbündete, die Kelten und Etrusker sowie die Äquer und Herniker, besiegt. Die Herrschaft Roms über Nord- und Mittelitalien war das Ergebnis harter Kämpfe und kluger Bündnispolitik.

Samnitische Soldaten

# Kriege gegen Pyrrhus

Im Jahr 282 v. Chr. bat die griechische Stadt Thurii in Süditalien Rom um militärischen Beistand gegen die mit den Samniten verbündeten Lukaner. Bald zwang Rom auch andere Städte unter seinen Schutz. Die griechische Handelsstadt Tarent in Süditalien widersetzte sich den Römern; es kam zum Streit mit einer römischen Delegation. Tarent war Roms Heer nicht gewachsen, konnte nun aber nicht mehr zurück. Deshalb verbündete es sich mit König Pyrrhus von Epirus in Nordgriechenland.

*Pyrrhus marschierte mit 25 000 Soldaten und 20 Elefanten gegen die Römer.*

**Standbild des Pyrrhus**

Pyrrhus schlug die Römer 280 und 279 v. Chr. nur mit großen Verlusten. Er soll gesagt haben: »Noch ein Sieg über die Römer, und wir sind verloren.« Seitdem besagt der Ausdruck »Pyrrhussieg«, daß die Verluste des Siegers größer sind als sein Vorteil. Pyrrhus zog sich nach Sizilien zurück. Drei Jahre später war er wieder in Italien und wurde nach einem Jahr endgültig besiegt. 272 v. Chr. kapitulierte Tarent. 264 v. Chr. beherrschte Rom als eine bedeutende Macht im Mittelmeerraum ganz Italien.

*Dieser Teller zeigt einen Kriegselefanten aus dem Heer von Pyrrhus.*

## Kolonisierung in Italien

Die Römer beherrschten Italien aufgrund militärischer Stärke und politischer Klugheit. Den Unterworfenen boten sie ein Bündnis an. In einem Vertrag legten sie jeweils den Status des neuen Bundesgenossen fest. Einige Orte, zum Beispiel Tusculum, erhielten das volle Bürgerrecht. Anderen, wie Spoletium, wurden die »Latinischen Rechte« zuerkannt, und sie konnten einige Vorteile des Bürgerrechts in Anspruch nehmen. Wieder andere behielten das eigene Bürgerrecht, waren aber außenpolitisch abhängig. Alle Verbündeten mußten Truppen für das römische Heer stellen.

An strategisch wichtigen Stellen wurden römische oder latinische Kolonien gegründet. Durch Straßen und Nachrichtenwesen verbanden die Römer die italischen Stämme. Mit der Verbreitung der lateinischen Sprache und der römischen Lebensart schwanden die sprachlichen und kulturellen Unterschiede zwischen den Regionen.

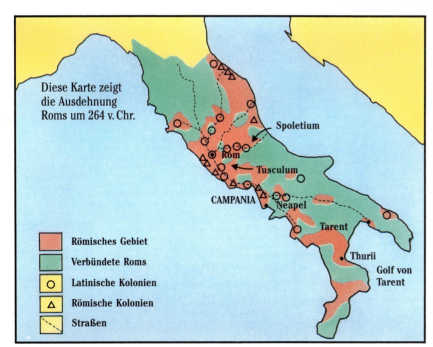

## Wichtige Jahreszahlen

**510-509 v. Chr.:** Rom wird der Überlieferung nach Republik.
**496 v. Chr.:** Die Römer müssen sich dem Latinerbund anschließen.
**Um 400 v. Chr.:** Rom hat die Vormacht im Latinerbund.
**387 v. Chr.:** Kelteneinfall in Rom.
**338 v. Chr.:** Römer und Samniten besiegen andere latinische Städte.
**326 v. Chr.:** Beginn der Samniten-Kriege.
**286 v. Chr.:** Die Römer besiegen die Samniten, Kelten sowie die Etrusker und beherrschen Nord- und Mittelitalien.
**280 v. Chr.:** Beginn der Kriege gegen Pyrrhus.
**275 v. Chr.:** Sieg über Pyrrhus in der Schlacht von Beneventum.
**272 v. Chr.:** Kapitulation von Tarent.
**Um 264 v. Chr.:** Rom beherrscht ganz Italien.

# Rom wird Großmacht

Während Rom die Vorherrschaft über Italien gewann, beherrschte Karthago den westlichen Mittelmeerraum. Karthago, eine Stadt an der Nordküste Afrikas, wurde um 814 v. Chr. von den Phöniziern gegründet und war eine bedeutende Handelsmacht. Da sich die Interessen Roms und Karthagos bisher nicht überschnitten, herrschte Frieden. 264 v. Chr. begannen jedoch die Punischen Kriege »punisch« nach dem lateinischen Wort für phönizisch. Die Karte zeigt den westlichen Mittelmeerraum zu Beginn der Punischen Kriege.

## Der 1. Punische Krieg (264-241 v. Chr.)

Im Jahr 264 v. Chr. besetzte Karthago Messana im Nordosten Siziliens. Die mit Rom verbündeten griechischen Städte Süditaliens sahen darin eine Bedrohung. Die Römer entsandten ein Heer nach Sizilien. Es dauerte 20 Jahre, bis sie die Karthager aus Sizilien vertrieben hatten. Dazu mußten sie die Vormachtstellung Karthagos auf See brechen.

Die Römer waren aber im Seekrieg unerfahren. Sie bauten zwei große Flotten (siehe Seite 20), errangen zwar Siege, verloren aber alle Schiffe in heftigen Stürmen. Erst der dritten Flotte gelang es 241 v. Chr., die Karthager zu besiegen. Daraufhin erhielt Rom Sizilien als erste Provinz. Außerdem zahlte Karthago Rom zehn Jahre lang Kriegsentschädigung. 238 v. Chr. mußte Karthago Sardinien an Rom abtreten (später auch Korsika). Durch diese Maßnahmen wollte Rom Karthagos Stützpunkte im Mittelmeer bekommen.

Die Römer erfanden eine Enterbrücke mit Haken, *corvus* genannt. Über die herabgelassene Brücke gelangten die römischen Soldaten auf das feindliche Schiff.

## Der 2. Punische Krieg (218-201 v. Chr.)

Die Karthager eroberten zwischen 237 und 219 v. Chr. Spanien als Ersatz für die verlorenen Gebiete. Hannibal, der karthagische Feldherr in Spanien und unversöhnliche Feind Roms, löste den 2. Punischen Krieg aus. Er griff die Römer 218 v. Chr. überraschend an. Sein Heer von 35 000 Mann und 37 Elefanten überquerte die Pyrenäen, setzte über die Rhone und fiel dann nach der Überquerung der Alpen in Italien ein.

Die Römer waren wie gelähmt. Hannibals Heer gewann Schlacht um Schlacht. 216 v. Chr. vernichteten er und seine Soldaten bei Cannae das ganze römische Heer. Hannibal kämpfte ohne entscheidende Niederlage 16 Jahre lang in Italien, doch Rom eroberte er nicht. Die Römer warteten das Heranwachsen der nächsten Soldatengeneration ab.

Da sie Hannibal in Italien nicht besiegen konnten, eroberten sie Spanien und griffen Karthago an. Hannibal wurde nach Afrika zurückgerufen und 202 v. Chr. bei

Bei der Überquerung der Alpen im Winter verlor Hannibal fast 10 000 Mann und alle Elefanten bis auf einen. Der Vorteil des Überraschungsangriffs blieb ihm dennoch.

Zama besiegt. Rom riß die karthagischen Gebiete in Spanien an sich. Während der folgenden Jahrzehnte eroberte Rom einen Großteil von Südwesteuropa und wurde auch dort die beherrschende Macht.

# Der 3. Punische Krieg (149-146 v. Chr.)

Der 3. Punische Krieg endete mit der Zerstörung von Karthago. Es wurde daraufhin zur römischen Provinz Africa.

*Zerstörung von Karthago*

## Rom erobert Europa

Rom führte auch im Osten zunehmend Krieg. Ein paar kleinere Staaten unterstellten sich freiwillig seinem Schutz, andere forderten Rom heraus. Erfolgreiche Feldzüge gegen Makedonien (215-168 v. Chr.) und südliche griechische Stadtstaaten vergrößerten Roms Einfluß in Griechenland. 146 v. Chr. schlug Rom einen Aufstand in Korinth nieder und machte die Stadt zur Abschreckung dem Erdboden gleich. Das übrige Griechenland wurde einem Statthalter unterstellt. Bald beherrschte Rom den gesamten Mittelmeerraum.

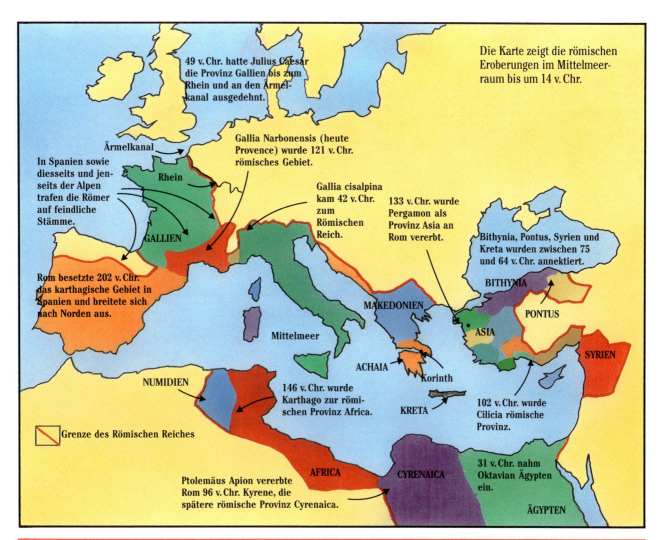

Die Karte zeigt die römischen Eroberungen im Mittelmeerraum bis um 14 v. Chr.

49 v. Chr. hatte Julius Caesar die Provinz Gallien bis zum Rhein und an den Ärmelkanal ausgedehnt.

In Spanien sowie diesseits und jenseits der Alpen trafen die Römer auf feindliche Stämme.

Gallia Narbonensis (heute Provence) wurde 121 v. Chr. römisches Gebiet.

Gallia cisalpina kam 42 v. Chr. zum Römischen Reich.

133 v. Chr. wurde Pergamon als Provinz Asia an Rom vererbt.

Bithynia, Pontus, Syrien und Kreta wurden zwischen 75 und 64 v. Chr. annektiert.

Rom besetzte 202 v. Chr. das karthagische Gebiet in Spanien und breitete sich nach Norden aus.

146 v. Chr. wurde Karthago zur römischen Provinz Africa.

102 v. Chr. wurde Cilicia römische Provinz.

Grenze des Römischen Reiches

Ptolemäus Apion vererbte Rom 96 v. Chr. Kyrene, die spätere römische Provinz Cyrenaica.

31 v. Chr. nahm Oktavian Ägypten ein.

## Wichtige Jahreszahlen

**264-241 v. Chr.:** 1. Punischer Krieg.
**238 v. Chr.:** Rom besetzt Sardinien; erneuter Kriegsausbruch.
**218-201 v. Chr.:** 2. Punischer Krieg.
**216 v. Chr.:** Römische Niederlage bei Cannae.
**202 v. Chr.:** Hannibal ist in Karthago; er wird bei Zama besiegt.
**149-146 v. Chr.:** 3. Punischer Krieg; Karthago wird zerstört.
**146 v. Chr.:** Zur Abschreckung wird Korinth durch die Römer zerstört; Beginn der römischen Herrschaft in Griechenland.
**133-31 v. Chr.:** Rom gewinnt die Herrschaft im Mittelmeerraum.
**31 v. Chr.:** Oktavian nimmt Ägypten in Besitz.

# Die soziale und politische Ordnung Roms

Wer im römischen Reich lebte, gehörte entweder zu den *cives* (Bürger) oder zu den *peregrini* (Fremde, Nichtbürger). Vorrechte der Bürger waren das Stimmrecht in der Volksversammlung und der Dienst im Heer; beides war Fremden verwehrt. Anfangs zählten nur Kinder von römischen Eltern als Bürger; später wurde das Bürgerrecht auch Fremden verliehen. Schon sehr früh gab es in Rom drei Klassen von Bürgern. Zu den Nichtbürgern gehörten auch die Sklaven (siehe Seite 53) und die Bewohner der Provinzen, also Personen, die nicht in der Stadt Rom, aber auf römischem Gebiet lebten (siehe Seiten 26-27).

## Bürger

Die reichsten Bürger waren die Patrizier; sie stammten von Großgrundbesitzern und politischen Führern ab.

Die *equites* (Gebildete, Geschäftsleute) waren Nachfahren des alten Ritterstandes (siehe Seite 14).

Die Plebejer (einfaches Volk) stammten von armen Bauern und Händlern ab.

## Nichtbürger

Die Sklaven gehörten ihren Besitzern. Sie waren unfrei und rechtlos. In der Frühzeit der Republik gab es nur wenige Sklaven; später nahm ihre Anzahl zu.

Die Provinzbewohner genossen kein volles Bürgerrecht. Im Unterschied zu den Bürgern mußten sie an Rom Steuern zahlen.

## Die römische Familie

Die Familie war für die Römer von großer Bedeutung. Das Oberhaupt war der *pater familias* (Vater). Zu einer Familie gehörten Frau und Kinder, Schwiegertöchter und deren Kinder, aber auch die Sklaven. Nach dem Tod eines *pater familias* konnten die Söhne eine neue Familie gleichen Namens gründen.
Verwandte Familien bildeten eine *gens* (Sippe).

Der *pater familias* erwartete Achtung und Respekt. Er war in der Familie Herr über Leben und Tod, sorgte für das Wohlergehen aller Mitglieder und regelte das religiöse Leben (siehe Seite 62).

## Das Patronat

Der Schützling besuchte seinen Patron regelmäßig, um Geld und Lebensmittel entgegenzunehmen.

Menschen ohne gesetzlichen Schutz einer Familie (Neuankömmlinge in Rom, freigelassene Sklaven oder Personen, die ihre eigene Familie verlassen hatten) konnten sich einer Familie als *clientes* (Schützlinge) anschließen. Der *patronus* war der Schutzherr, der sie rechtlich vertrat und finanzielle Hilfe leistete. Als Gegenleistung erhielt er politische Unterstützung und gesellschaftliche Anerkennung.

# So wurde die römische Republik regiert

Ein Senat regierte Rom. Anfänglich bestand er aus 100 Männern der führenden Patrizierfamilien, seit 82 v. Chr. herrschten 600 Senatoren auf Lebenszeit. In der Volksversammlung wählten die Bürger jährlich aus den Reihen der Senatoren den Magistrat. Die einzelnen Ämter werden nachfolgend beschrieben.

Jährlich wurden zwei Konsuln gewählt, welche die Beschlüsse des Senats ausführten und dem Heer vorstanden. Ein Konsul konnte danach Prokonsul (Provinzstatthalter) werden.

Acht gewählte *praetores* waren als Richter tätig (siehe Seite 74-75).

Vier *aediles* kontrollierten Märkte, Straßen und öffentliche Gebäude; sie organisierten und finanzierten öffentliche Spiele (siehe Seite 58-59).

Jedes Jahr wurden zwanzig Finanzbeamte, die *quaestores*, gewählt. Sie mußten dem Senat nicht angehören. Ab 80 v. Chr. wurde ein Quästor gleichzeitig Senator.

Alle fünf Jahre wurden zwei *censores* aus dem Kreis ehemaliger Konsuln gewählt. Sie entließen unwürdige Senatoren des Amtes und setzten die neuen Senatsmitglieder ein. Sie waren auch für die Vergabe öffentlicher Arbeiten und die Eintreibung der Steuern zuständig.

In Krisenzeiten wurde ein Diktator für höchstens sechs Monate ernannt. Er hatte absolute Befehlsgewalt und ernannte den *magister equitum* als seine rechte Hand.

## Gesellschaftliche Veränderungen

Ursprünglich konnten nur Patrizier Senatoren werden. Dieses Privileg hüteten sie sorgsam. Viele Plebejer lehnten sich gegen die Macht der Patrizier auf, wodurch es zu gewaltsamen politischen Kämpfen kam. Die Plebejer streikten fünfmal und drohten, Rom zu verlassen, wenn sie im Kriegsfall dringend gebraucht würden. Nach ihrem ersten Streik gründeten sie 494 v. Chr. unter Ausschluß der Patrizier eine eigene Volksversammlung und wählten fortan jedes Jahr ihre Vertreter, die Volkstribunen.

Die Plebejer demonstrierten häufig auf Roms Straßen.

Diese erhielten das Vetorecht; sie konnten also jedes Gesetz im Senat zu Fall bringen. Als nächstes verlangten die Plebejer, daß die Gesetze niedergeschrieben und veröffentlicht wurden, damit nicht länger ungeschriebene Gesetze gegen sie verwendet werden konnten. Eine solche Gesetzessammlung wurde um 450 v. Chr. auf zwölf Tafeln (Zwölftafelgesetz) festgehalten.

Mit der Zeit erhielten die Plebejer Zugang zu allen Ämtern. 366 v. Chr. wurde der erste Konsul aus ihren Reihen gewählt. Ab 287 erlangten alle Beschlüsse ihrer Versammlung Gesetzeskraft. Während der Punischen Kriege warf man den plebejischen Heerführern Machtmißbrauch vor. Viele Menschen hielten nur die Patrizier für fähig, das Reich im Kriegsfall zu führen. Dadurch konnten die Patrizier ihre politische Macht behaupten.

# Das Ende der römischen Republik

Die Ausbreitung des Römischen Reiches brachte innenpolitische Probleme mit sich. Senat, *equites* und Plebejer rangen ständig miteinander um die Macht. Eine längere Periode von Diktaturen und Bürgerkriegen führte zum Niedergang der Republik.

Während der Punischen Kriege waren viele Bauernhöfe verwahrlost. Nur einzelne Bauern konnten ihre Höfe wieder mit guten Erträgen bewirtschaften. Mit der Zeit wurde immer mehr Land von Großgrundbesitzern übernommen.

**Die großen Landgüter (Latifundien) wurden billig und effektiv von Sklaven, meist Kriegsgefangenen, bearbeitet.**

Wer sein Land verloren hatte, lebte ohne Arbeit in der Stadt oder in Armut auf dem Land. Nur wer Besitz vorweisen konnte, durfte im Heer dienen. Dadurch fehlten Rom die Soldaten.

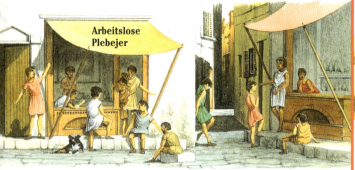

Arbeitslose Plebejer

Im Jahr 133 v. Chr. schlug der Volkstribun Tiberius Gracchus die Verteilung des von Großgrundbesitzern unrechtmäßig erworbenen öffentlichen Landes an Besitzlose vor. Die Volksversammlung verabschiedete ein Gesetz und setzte eine Verteilungskommission ein. Doch da viele Senatoren Großgrundbesitzer waren, stimmte der Senat nicht zu. Tiberius wurde bei einem vom Senat angestifteten Anschlag ermordet.
123 v. Chr. wurde sein Bruder Gaius Gracchus Volkstribun. Auch er wurde getötet, nachdem er durch progressive Gesetze den Senat herausgefordert hatte.

## Der Aufstieg der Diktatoren

Die folgenden Jahrzehnte waren von politischen Unruhen geprägt. Einige Senatoren, die *optimates*, wünschten die Machterhaltung für den Senat, während die *populares* auch andere Parteien daran beteiligen wollten. Sie suchten die Unterstützung der Tribunen, *equites* und Plebejer, jedoch häufig nur zur Stärkung ihrer eigenen Macht.
107 v. Chr. wurde der Feldherr Marius zum Konsul gewählt. Als Oberbefehlshaber eines Heeres gewann er in Afrika einen Krieg und wurde 105-100 v. Chr. als Konsul jährlich wiedergewählt, obwohl ein Konsul sonst nur ein Jahr lang im Amt bleiben durfte. Als Begründung für seine Wiederwahl wurde die Bedrohung durch die Gallier angegeben.

**Münze mit Marius im Triumphwagen. Sie wurde anläßlich einer militärischen Siegesfeier geprägt.**

Marius gelang es, die Gallier fernzuhalten. Er bildete das Heer um (siehe Seite 15), verbesserte Waffentechnik und Ausbildung. Nun durften auch besitzlose Bürger Heeresdienst leisten, und es meldeten sich Tausende von Arbeitslosen freiwillig. Sie erhielten bei der Entlassung aus der Armee Geld oder Land und fühlten sich ihrem Führer mehr verpflichtet als dem Staat.

**Marius und seine Truppen**

88 v. Chr. wurde Sulla zum Konsul gewählt. Er übernahm den Oberbefehl im Krieg gegen den kleinasiatischen König Mithridates. Als auf Initiative eines Tribuns der Oberbefehl Marius übertragen wurde, wandte Sulla sein Heer gegen Rom. Er übernahm die Macht in der Stadt und schickte Marius in die Verbannung.

**Münze mit dem Kopf Sullas**

Kaum war Sulla wieder nach Asien abgereist, riß Marius die Macht in Rom erneut an sich. Er ließ seine politischen Gegner zu Hunderten umbringen. Marius starb 86 v. Chr. Sulla kehrte zurück und herrschte 82-80 v. Chr. als Diktator. Er stellte die Senatsherrschaft wieder her, indem er die *equites* und Tribunen weitgehend entmachtete. Dann trat er zurück und starb 78 v. Chr. Der Feldherr Pompeius brachte jedoch Sullas Maßnahmen bald ins Wanken. 71 v. Chr. siegte er in Spanien und unterstützte Senator Crassus bei der Niederschlagung des Sklavenaufstandes unter der Führung des Sklaven Spartakus. 70 v. Chr. forderten Pompeius und Crassus, als Konsuln gewählt zu werden und drohten, andernfalls gegen Rom zu marschieren. Als sie im Amt waren, beseitigten sie die Gesetze Sullas und stellten die Macht der Tribunen wieder her.

Büste von Pompeius

## Pompeius und Caesar

60 v. Chr. verbündeten sich Pompeius, Crassus und der politische Neuling Julius Caesar. Ein Jahr später wurde Caesar Konsul. Danach war er zehn Jahre Prokonsul (Statthalter) in Gallien. Er erweiterte den römischen Machtbereich um Spanien und Gallien und fiel 55 v. Chr. in Britannien ein. Er war ein hervorragender Feldherr und bei Heer und Volk beliebt.

Büste von Caesar

Crassus fiel 53 v. Chr. Ein Jahr später brannte das Senatsgebäude bei Unruhen ab. Die Senatoren wählten Pompeius zum Konsul; er sollte die Ordnung wiederherstellen. Da die *optimates* bei einer Rückkehr Caesars nach Rom um ihre Macht fürchteten, brachten sie Caesar und Pompeius gegeneinander auf. Sie verleiteten Caesar zum Bürgerkrieg und hofften auf den Sieg von Pompeius. 49 v. Chr. führte Caesar sein Heer nach Rom und übernahm die Macht. 49–45 v. Chr. schlug er die Heere von Pompeius und dem Senat in Spanien, Griechenland und Afrika.

Caesars Ankunft in Rom

## Caesars Herrschaft

Als Caesar an der Macht war, erließ er neue Gesetze und reformierte die Verwaltung. Seine Herrschaft brachte eine kurze Zeit politischer Stabilität und eine rege Bautätigkeit in Rom und außerhalb der Stadt.

Caesar war ein großer Redner und beliebter Politiker.

Er wurde Diktator auf Lebenszeit und somit der mächtigste Herrscher, den Rom bis dahin gehabt hatte. Er herrschte wie ein König und traf seine Entscheidungen ohne den Senat. Obwohl seine Reformen allgemein beliebt waren, sahen manche durch seine Macht die Republik bedroht. Am 15. März 44 v. Chr. wurde Caesar von Verschwörern unter der Führung der Senatoren Brutus und Cassius ermordet. Sie hofften aber vergeblich darauf, die Republik wiederherstellen zu können. Caesars Erbe Oktavian (siehe Seite 22) begründete eine Militärdiktatur, die 500 Jahre bestand.

Der Mord an Caesar

### Wichtige Jahreszahlen

**133 v. Chr.:** Bodenreform des Tiberius Gracchus.
**123 v. Chr.:** Gaius Gracchus wird Volkstribun.
**107 v. Chr.:** Marius wird zum ersten Mal Konsul.
**88 v. Chr.:** Sulla wird Konsul; er wendet sich gegen Rom.
**86 v. Chr.:** Tod von Marius.
**82-80 v. Chr.:** Sulla herrscht in Rom als Diktator.
**78 v. Chr.:** Tod von Sulla.
**70 v. Chr.:** Pompeius und Crassus werden zu Konsuln gewählt.
**60 v. Chr.:** Triumvirat von Pompeius, Crassus und Caesar.
**59 v. Chr.:** Caesar wird zum Konsul gewählt.
**53 v. Chr.:** Crassus fällt.
**52 v. Chr.:** Pompeius wird zum Konsul gewählt.
**48 v. Chr.:** Sieg Caesars über Pompeius in Griechenland.
**44 v. Chr.:** Ermordung Caesars durch Brutus und Cassius.

# Das Heer

Das Römische Reich wuchs vor allem aufgrund der Stärke seiner Armee: Es war das diszipinierteste und eines der größten Heere der Antike. Die Armee übte großen Einfluß auf die Politik aus; viele Politiker waren gleichzeitig begabte Feldherren. In der langen Geschichte des Römischen Reiches hat sich der Aufbau des Heeres beträchtlich verändert.

## Das Heer in der frühen Republik

In der Frühzeit der Republik kamen im Kriegsfall alle Bürger mit Besitztum auf dem *Campus Martius* (Marsfeld; Mars war der Kriegsgott) zusammen. Sie stellten sich in Zenturien (Hundertschaften) auf. Da Auseinandersetzungen damals nur wenige Tage dauerten, konnten die Männer ihre Höfe für die kurze Zeit ohne Nachteil verlassen. Um 340 v. Chr. mußten die Männer ihren Höfen bereits für längere Zeit fernbleiben. Deshalb wurde ihnen der Eintritt ins Heer durch Sold erleichtert. Im Notfall konnten die Römer ein, allerdings schlecht ausgebildetes, Heer von fast 800 000 Mann aufstellen. Gelegentlich wurden sogar Sklaven zum Heeresdienst herangezogen, doch war dies gefährlich, da bewaffnete Sklaven die Waffen auch gegen ihre Herren erheben können.

Die Soldaten waren zu je 4 200 Mann in Legionen eingeteilt, die verschiedene Waffengattungen umfaßten. Die einzelnen Legionen unterschieden sich in ihrem Aufbau. Das Schaubild zeigt die Aufgaben der Soldaten und ihre Aufstellung in einer typischen Legion.

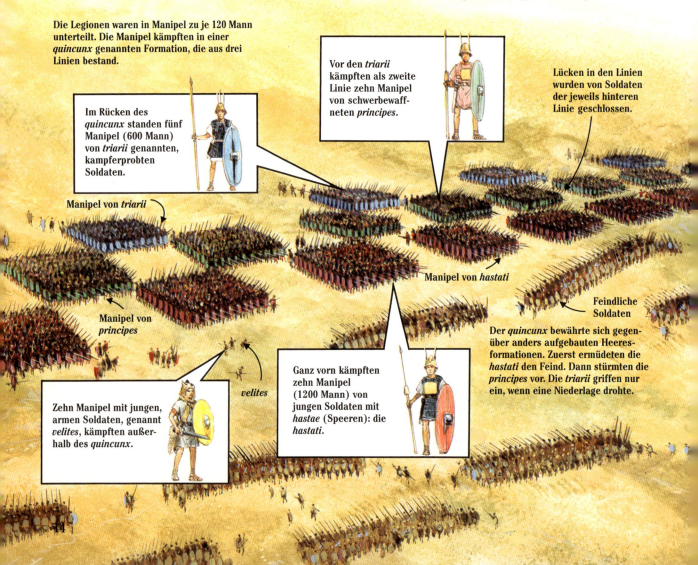

Reiche Bürger, die sich ein Pferd leisten konnten, dienten in der Reiterei.

Die Ärmsten kämpften am Rand der Schlachtordnung mit Steinen und Ackergeräten.

Die übrigen kämpften mit Schwert, Speer, Dolch und Schild.

Die Legionen waren in Manipel zu je 120 Mann unterteilt. Die Manipel kämpften in einer *quincunx* genannten Formation, die aus drei Linien bestand.

Im Rücken des *quincunx* standen fünf Manipel (600 Mann) von *triarii* genannten, kampferprobten Soldaten.

Vor den *triarii* kämpften als zweite Linie zehn Manipel von schwerbewaffneten *principes*.

Lücken in den Linien wurden von Soldaten der jeweils hinteren Linie geschlossen.

Manipel von *triarii*

Manipel von *hastati*

Manipel von *principes*

Feindliche Soldaten

*velites*

Zehn Manipel mit jungen, armen Soldaten, genannt *velites*, kämpften außerhalb des *quincunx*.

Ganz vorn kämpften zehn Manipel (1200 Mann) von jungen Soldaten mit *hastae* (Speeren): die *hastati*.

Der *quincunx* bewährte sich gegenüber anders aufgebauten Heeresformationen. Zuerst ermüdeten die *hastati* den Feind. Dann stürmten die *principes* vor. Die *triarii* griffen nur ein, wenn eine Niederlage drohte.

# Das Heer in der Blütezeit der Republik

Als das Reich größer wurde, mußte das Heer auch weit von Rom entfernte Feinde unter Kontrolle halten. Um 100 v. Chr. gestaltete Marius die Streitkräfte um. Alle Bürger, auch die ohne Grundbesitz, durften jetzt in die Legionen eintreten. Der Sold wurde erhöht, und es gab viele Berufssoldaten. Alle erhielten die gleichen Waffen und dieselbe Ausbildung, so daß der Unterschied zwischen reichen und armen Soldaten verschwand. Die Truppen bestanden überwiegend aus Fußsoldaten. Da die Legionen aus kleinen, äußerst disziplinierten Untereinheiten bestanden, waren sie sehr schlagkräftig. Haupteinheit blieb weiterhin die Zenturie.

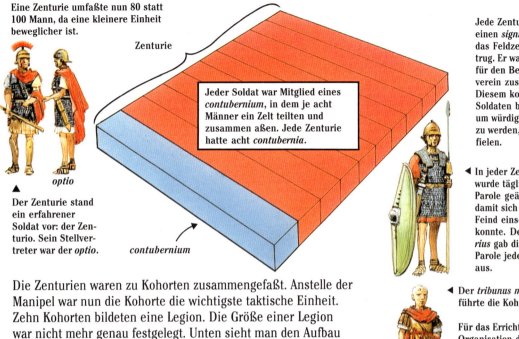

Eine Zenturie umfaßte nun 80 statt 100 Mann, da eine kleinere Einheit beweglicher ist.

*optio*

Der Zenturie stand ein erfahrener Soldat vor: der Zenturio. Sein Stellvertreter war der *optio*.

Jeder Soldat war Mitglied eines *contubernium*, in dem je acht Männer ein Zelt teilten und zusammen aßen. Jede Zenturie hatte acht *contubernia*.

Zenturie

*contubernium*

Jede Zenturie hatte einen *signifer*, der das Feldzeichen trug. Er war auch für den Bestattungsverein zuständig. Diesem konnten die Soldaten beitreten, um würdig bestattet zu werden, wenn sie fielen.

In jeder Zenturie wurde täglich die Parole geändert, damit sich kein Feind einschleichen konnte. Der *tesserarius* gab die neue Parole jeden Morgen aus.

Die Zenturien waren zu Kohorten zusammengefaßt. Anstelle der Manipel war nun die Kohorte die wichtigste taktische Einheit. Zehn Kohorten bildeten eine Legion. Die Größe einer Legion war nicht mehr genau festgelegt. Unten sieht man den Aufbau einer typischen Legion mit etwa 5 000 Soldaten.

In jeder Legion gab es eine größere Kohorte, genannt *prima cohors*. Sie bestand aus zehn Zenturien (800 Mann). Darunter befanden sich berittene Boten, Köche und Schreiber; sie kämpften nicht mit.

Die übrigen neun Kohorten umfaßten je sechs Zenturien zu 480 Mann, insgesamt also 4320 Legionäre.

Kohorte

Zenturie

Übrige Kohorten

*contubernium*

Der *tribunus militum* führte die Kohorte an.

Für das Errichten und die Organisation des Lagers war der *praefectus castrorum*, ein erfahrener Soldat, zuständig.

Der *legatus*, ein älterer Offizier, führte die Legion an.

Zu jeder Legion gehörte ein silberner Adler, lateinisch *aquila*. Er wurde vom *aquilifer* ins Feld getragen und war Symbol für die Schlagkraft der Legion. Eroberte ihn der Feind, löste sich die Legion auf.

## Hilfstruppen

Die Legionen erhielten Unterstützung von Hilfstruppen, genannt *auxilia*, die von Nichtbürgern aus der Provinz gebildet wurden. Diese Soldaten waren in Kohorten von 500 und 1000 Mann zusammengefaßt. Sie bekamen weniger Sold, dienten länger und waren schlechter ausgebildet. Am Ende der Dienstzeit erhielten sie das römische Bürgerrecht. Sie stellten Truppenteile wie die Reiterei, für welche die Legionäre nicht ausgebildet waren.

# Ein Soldatenleben

In der Frühzeit der Republik mußte sich jeder Mann zwischen 17 und 46 Jahren, der Grundbesitz hatte, dem Heer zur Verfügung halten. Das war Bürgerpflicht zum Schutze Roms. Ein Soldat nahm während der gesamten Dienstzeit an höchstens 16 bis 17 Feldzügen teil. Einige blieben aber auch ständig beim Heer. Um 100 v. Chr. gab es fast nur noch Berufssoldaten.

Jeder Rekrut mußte einen Treueeid leisten. In der Frühzeit wurde man auf den Feldherrn vereidigt, später auf den Kaiser.

Die Rekruten exerzierten zweimal täglich hart; die gesamte Legion übte sich im Schwimmen, Laufen, Springen, Speerwerfen und Fechten.

Dreimal im Monat fand ein Marsch über 30 km statt. Die Marschgeschwindigkeit betrug 6,5 oder sogar 8 km/h. Die Legionäre übten auch das Auf- und Abbauen eines Lagers.

Ungehorsame Soldaten wurden ausgepeitscht. Einer widerspenstigen Legion kürzte man die Rationen, bei Verdacht auf Meuterei wurde jeder zehnte hingerichtet. Diese Strafe hieß *decimatio*. Davon ist das Wort »dezimieren« abgeleitet, das »um ein Zehntel vermindern« bedeutet.

In schwierigem Gelände konnte das Gepäck nicht mit Wagen transportiert werden, und die Legionäre mußten ihr Gepäck, Lebensmittel, Grab- und Bauwerkzeug, zwei schwere Pfähle für die Lagerbefestigung und Kochtöpfe tragen. Sie wurden deshalb auch »Maultiere des Marius« genannt.

Zusätzlich wurden manche Soldaten als Landvermesser, Ingenieure oder Steinmetze ausgebildet, die den Bau von Straßen, Kanälen und Gebäuden beaufsichtigten.

Unter Caesar verdiente ein Legionär 225 *denarii*; unter Domitian 300 Denare jährlich. Der Soldat brauchte ungefähr ein Drittel seines Solds für Lebensmittel. Die Ernährung war einfach: Sie bestand aus Käse, Bohnen, Brot oder Weizen- und Gerstenbrei. Der Soldat trank Wasser oder *posca*, einen billigen sauren Wein.

Bis 5 n. Chr. dienten Berufssoldaten 20 Jahre lang, später wurde die Dienstzeit auf 25 Jahre erhöht.
In dem Bewußtsein, daß entlassene Soldaten eine Gefahr darstellen können, fand man sie mit Geld und einem Stück Ackerland ab.

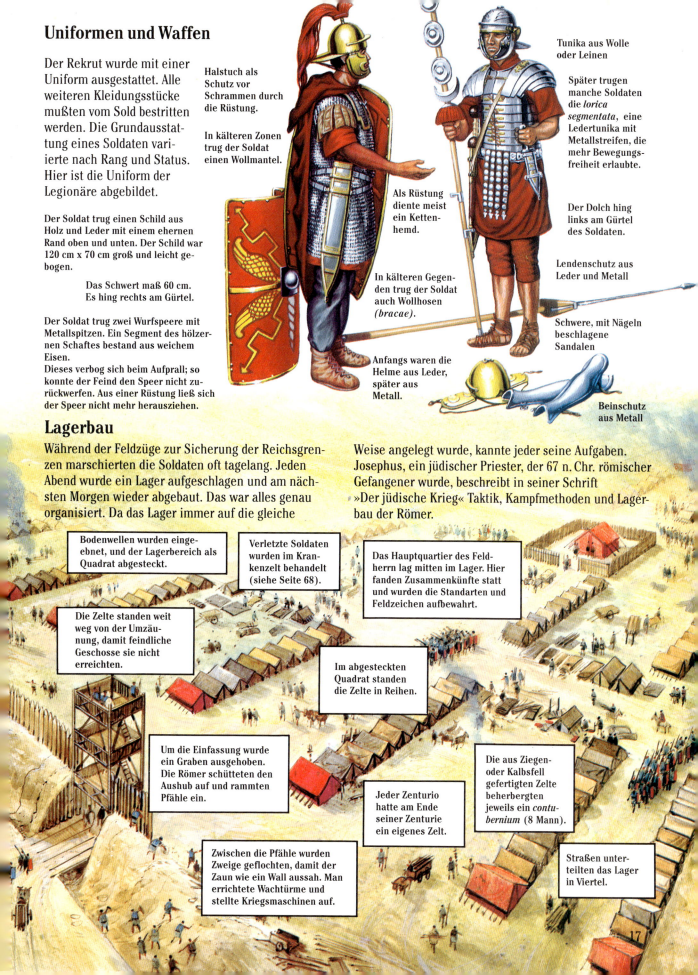

## Uniformen und Waffen

Der Rekrut wurde mit einer Uniform ausgestattet. Alle weiteren Kleidungsstücke mußten vom Sold bestritten werden. Die Grundausstattung eines Soldaten variierte nach Rang und Status. Hier ist die Uniform der Legionäre abgebildet.

Der Soldat trug einen Schild aus Holz und Leder mit einem ehernen Rand oben und unten. Der Schild war 120 cm x 70 cm groß und leicht gebogen.

Das Schwert maß 60 cm. Es hing rechts am Gürtel.

Der Soldat trug zwei Wurfspeere mit Metallspitzen. Ein Segment des hölzernen Schaftes bestand aus weichem Eisen.
Dieses verbog sich beim Aufprall; so konnte der Feind den Speer nicht zurückwerfen. Aus einer Rüstung ließ sich der Speer nicht mehr herausziehen.

Halstuch als Schutz vor Schrammen durch die Rüstung.

In kälteren Zonen trug der Soldat einen Wollmantel.

Als Rüstung diente meist ein Kettenhemd.

In kälteren Gegenden trug der Soldat auch Wollhosen (*bracae*).

Anfangs waren die Helme aus Leder, später aus Metall.

Tunika aus Wolle oder Leinen

Später trugen manche Soldaten die *lorica segmentata*, eine Ledertunika mit Metallstreifen, die mehr Bewegungsfreiheit erlaubte.

Der Dolch hing links am Gürtel des Soldaten.

Lendenschutz aus Leder und Metall

Schwere, mit Nägeln beschlagene Sandalen

Beinschutz aus Metall

## Lagerbau

Während der Feldzüge zur Sicherung der Reichsgrenzen marschierten die Soldaten oft tagelang. Jeden Abend wurde ein Lager aufgeschlagen und am nächsten Morgen wieder abgebaut. Das war alles genau organisiert. Da das Lager immer auf die gleiche Weise angelegt wurde, kannte jeder seine Aufgaben. Josephus, ein jüdischer Priester, der 67 n. Chr. römischer Gefangener wurde, beschreibt in seiner Schrift »Der jüdische Krieg« Taktik, Kampfmethoden und Lagerbau der Römer.

Bodenwellen wurden eingeebnet, und der Lagerbereich als Quadrat abgesteckt.

Verletzte Soldaten wurden im Krankenzelt behandelt (siehe Seite 68).

Das Hauptquartier des Feldherrn lag mitten im Lager. Hier fanden Zusammenkünfte statt und wurden die Standarten und Feldzeichen aufbewahrt.

Die Zelte standen weit weg von der Umzäunung, damit feindliche Geschosse sie nicht erreichten.

Im abgesteckten Quadrat standen die Zelte in Reihen.

Um die Einfassung wurde ein Graben ausgehoben. Die Römer schütteten den Aushub auf und rammten Pfähle ein.

Jeder Zenturio hatte am Ende seiner Zenturie ein eigenes Zelt.

Die aus Ziegen- oder Kalbsfell gefertigten Zelte beherbergten jeweils ein *contubernium* (8 Mann).

Zwischen die Pfähle wurden Zweige geflochten, damit der Zaun wie ein Wall aussah. Man errichtete Wachtürme und stellte Kriegsmaschinen auf.

Straßen unterteilten das Lager in Viertel.

# Straßen

Das Straßennetz der Römer entstand aus militärischen Erfordernissen. In der Frühzeit marschierten die römischen Heere zur Verteidigung der Grenzen nur wenige Stunden. Später mußten Truppen und Nachschub möglichst schnell über sehr weite Entfernungen befördert werden.
Mit dem Bau der ersten Hauptstraße, der *Via Appia*, wurde 312 v. Chr. begonnen. Sie führte von Rom nach Capua. Die Bauzeit betrug etwa hundert Jahre. 900 Jahre nach ihrer Fertigstellung bezeichnete sie der Historiker Prokop als ein großes Bauwerk: Trotz ihres Alters sei noch kein Stein zerbrochen oder abgenutzt.

Die *Via Appia* war nur der erste Abschnitt eines 85 000 km langen Straßennetzes, das bis in den hintersten Winkel des Reiches reichte. Die Überreste dieser Straßen bilden die Grundlage vieler Straßen und Eisenbahnlinien von heute.

**Die *Via Appia* heute**

Diese Karte veranschaulicht das römische Straßennetz.

Ausdehnung des Römischen Reiches

Die Straßen veränderten das Gesicht der Länder, durch die sie führten. Den Heeren folgten Händler, die Waren an Soldaten und später an die Einwohner der Provinzen verkauften. Der Handel blühte. Auch die entlegenen Reichsgebiete konnte man gut erreichen. Durch den Bau der Straßen wurden die Provinzen geeinigt und konnten besser kontrolliert werden.

## Reisen

Die Rekonstruktion dieser Straßenanlage beruht auf römischen Schriften, Bildern und Ruinen. Zwar kennen wir römische Fahrzeuge und auch ihre Namen, doch können wir sie nur schwer einander zuordnen. In den Städten wurden die zweirädrige *carpenta* und das leichtere *cisium* benutzt. Die *raeda* hatte vier Räder, und in den *carrucae* war sogar Platz zum Schlafen.

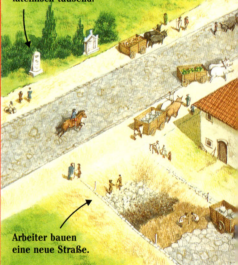

Jede römische Meile (1460 m) wurde durch einen Meilenstein markiert. Eine Meile umfaßte 1000 Schritte; *mille* heißt auf lateinisch tausend.

Arbeiter bauen eine neue Straße.

## Bau einer Straße

Bei der Planung einer Straße wählten die Landvermesser eine möglichst kurze, direkte Strecke. Diese ermittelten sie, indem sie jeweils von einem hochgelegenen Punkt den nächsten anpeilten. Dabei orientierten sie sich an Feuern und Lichtsignalen, beobachteten Brieftauben und benutzten Meßstangen *(gromae)*. Dann wurden Bäume und Sträucher auf der geplanten Trasse gerodet und anschließend ein 1 m tiefer Graben ausgehoben und mit Steinen aufgefüllt. Damit keine Pfützen entstehen konnten (Gefahr von Frostaufbrüchen), baute man die Straßen leicht gewölbt und legte seitlich Entwässerungsgräben an.

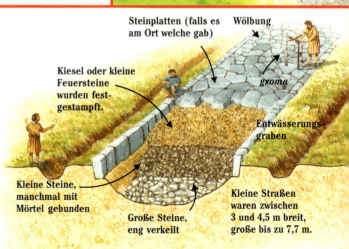

Steinplatten (falls es am Ort welche gab)
Wölbung
*groma*
Kiesel oder kleine Feuersteine wurden festgestampft.
Entwässerungsgraben
Kleine Steine, manchmal mit Mörtel gebunden
Große Steine, eng verkeilt
Kleine Straßen waren zwischen 3 und 4,5 m breit, große bis zu 7,7 m.

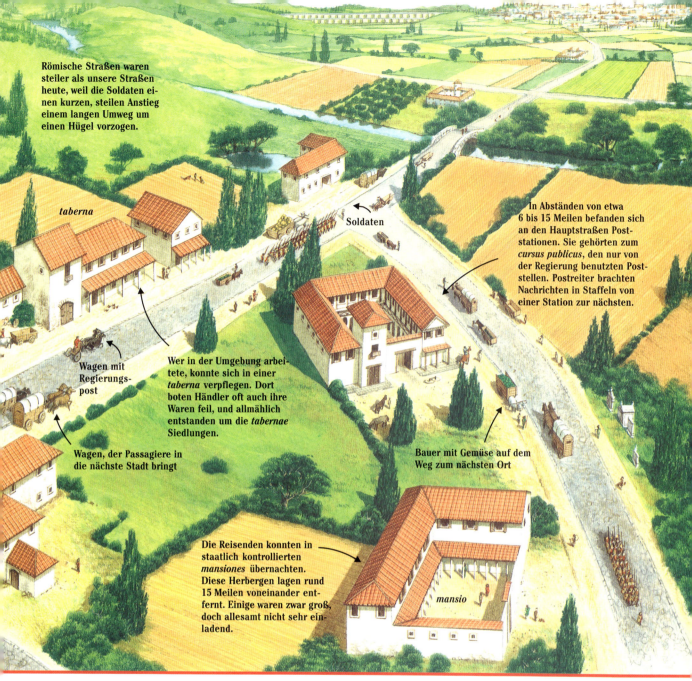

Römische Straßen waren steiler als unsere Straßen heute, weil die Soldaten einen kurzen, steilen Anstieg einem langen Umweg um einen Hügel vorzogen.

*taberna*

Soldaten

In Abständen von etwa 6 bis 15 Meilen befanden sich an den Hauptstraßen Poststationen. Sie gehörten zum *cursus publicus*, den nur von der Regierung benutzten Poststellen. Postreiter brachten Nachrichten in Staffeln von einer Station zur nächsten.

Wagen mit Regierungspost

Wer in der Umgebung arbeitete, konnte sich in einer *taberna* verpflegen. Dort boten Händler oft auch ihre Waren feil, und allmählich entstanden um die *tabernae* Siedlungen.

Wagen, der Passagiere in die nächste Stadt bringt

Bauer mit Gemüse auf dem Weg zum nächsten Ort

Die Reisenden konnten in staatlich kontrollierten *mansiones* übernachten. Diese Herbergen lagen rund 15 Meilen voneinander entfernt. Einige waren zwar groß, doch allesamt nicht sehr einladend.

*mansio*

Flüsse und tiefe Täler überwand man mit Brücken oder Viadukten. Viele davon sind heute noch erhalten, manche werden sogar noch genutzt. Eines dieser römischen Bauwerke ist der abgebildete Viadukt im spanischen Alcantara.

Der Abstand der Räder von römischen Gefährten betrug meist 134 cm. Nachdem sich Fahrrinnen gebildet hatten, wurde diese Breite Eichmaß. Der Grund dafür war, daß man sehr unangenehm reiste, wenn ein Rad in der Rinne, das andere aber daneben rollte.

Manchmal wurde beim Bau einer Straße nicht Erde ausgehoben, sondern aufgeschüttet und die Oberfläche gepflastert. Ein solcher Fahrdamm hieß *agger*, war bis zu 15 m breit und 1,5 m hoch. Er diente als Begrenzung oder sollte die Bevölkerung beeindrucken.

19

# Schiffe und Schiffahrt

Im Unterschied zu Griechen und Phöniziern waren die Römer traditionell keine Seefahrernation. Während der Frühzeit der Republik verfügten sie nur über eine unbedeutende Seestreitmacht. Jedoch mußten sie im 1. Punischen Krieg (264-241 v. Chr., siehe Seite 8) in kürzester Zeit zur Seemacht werden. Sie bauten nach dem Modell eines aufgegebenen karthagischen Kriegsschiffes binnen 60 Tagen 100 Schiffe nach. Schließlich umfaßte ihre Flotte 200 Schiffe. Nach dem Sieg über Karthago beherrschte Rom das Mittelmeer und baute eine Handelsflotte. Der Seehandel blühte auf. Später sollte die römische Flotte die Piraterie verhindern.

## Kriegsschiffe und Flottentaktik

Da keine Wracks gefunden wurden, weiß man kaum etwas über die Kriegsschiffe der Römer, die *quinque remes*. Manche Historiker glauben, daß die Schiffe fünf Ruderreihen hatten. Andere halten das Rudern mit solchen Schiffen für unmöglich und vermuten, daß je fünf *(quinque)* Männer ein Ruder *(remus)* betätigten.

Die Enterbrücke, *corvus*, wurde auf das feindliche Schiff heruntergelassen, so daß der Kampf an Deck eröffnet werden konnte.

Ein Kriegsschiff mit etwa 300 Ruderern legte bis zu 19 km/h zurück.

120 Soldaten wurden zum Kampf an Deck gebracht.

Andere Schiffe verfügten über einen Unterwasser-Rammsporn, der die Bordwand des feindlichen Schiffes durchstieß.

## Dreidecker

Nach den Punischen Kriegen fanden zwar keine bedeutenden Seeschlachten mehr statt, aber die Römer behielten eine Kriegsflotte von *triremes* (Dreideckern). Während der Bürgerkriege zwischen Marcus Antonius und Oktavian (36-30 v. Chr.) bauten beide Parteien große Flotten. An der Schlacht von Actium waren 900 *triremes* beteiligt. Der Sieger Oktavian schuf die erste ständige Küstenwache. Das Relief zeigt einen typischen Dreidecker.

In einem Dreidecker *(trireme)* ruderten Sklaven auf drei Ruderbänken unter Deck.

Eine *trireme* war leichter, schmaler und einfacher zu manövrieren als eine *quinquereme*.

Das Krokodil am Bug des Schiffes deutet auf den Nil als Standort der Flotte hin.

## Häfen

Für ihre riesigen Handelsschiffe benötigten die Römer große, tiefe Hafenbecken. Roms Hafen war Ostia an der Tibermündung. Claudius legte in der Nähe den großen neuen Hafen Portus an. Auch an anderen Orten des Reiches wurden Häfen gebaut. Sie wurden zu Handelszentren, und es entstanden Städte in unmittelbarer Nähe. So kann ein Hafen in der Provinz ausgesehen haben.

Barken transportierten Waren auf Flüssen und Kanälen, die für große Schiffe zu schmal waren.

Mit großen Handelsschiffen wurden Waren aus allen Teilen des Reiches herbeigeschafft.

Manchmal wurden Kriegsschiffe im Hafen eingedockt.

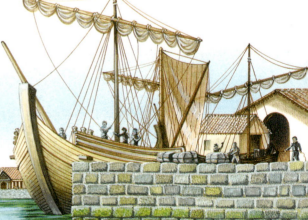

# Handelsschiffe

Nach der Regierungszeit von Augustus transportierten die Römer mit einer riesigen Handelsflotte Waren über das ganze Mittelmeer bis Afrika und Indien. Die Schiffe mußten viele Fahrten aushalten, da die Römer zahlreiche Lebensmittel importierten. Wracks von Handelsschiffen geben Auskunft über ihre Bauart.

Das Gerüst bestand meist aus Eichenholz, die Planken aus Kiefer oder Zypresse. Damit das Holz nicht faulte, erhielt der Rumpf oft einen Bleiüberzug.

Dann wurden Böden und Rahmen eingepaßt. So entstand der Frachtraum.

Jede Planke war an der darüber und darunter liegenden Planke sowie am Rumpf mit einer Spezialverbindung befestigt.

Zuerst wurde der Kiel in Position gebracht.

Dann wurden die Planken nebeneinander befestigt. So entstand der Schiffsrumpf.

Handelsschiffe waren breiter als Kriegsschiffe, damit sie große Ladungen aufnehmen konnten.

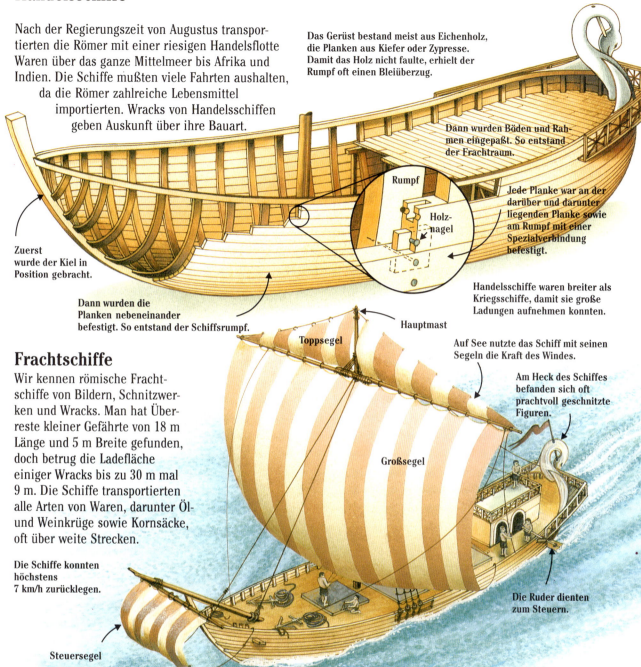

## Frachtschiffe

Wir kennen römische Frachtschiffe von Bildern, Schnitzwerken und Wracks. Man hat Überreste kleiner Gefährte von 18 m Länge und 5 m Breite gefunden, doch betrug die Ladefläche einiger Wracks bis zu 30 m mal 9 m. Die Schiffe transportierten alle Arten von Waren, darunter Öl- und Weinkrüge sowie Kornsäcke, oft über weite Strecken.

Die Schiffe konnten höchstens 7 km/h zurücklegen.

Auf See nutzte das Schiff mit seinen Segeln die Kraft des Windes.

Am Heck des Schiffes befanden sich oft prachtvoll geschnitzte Figuren.

Die Ruder dienten zum Steuern.

Steuersegel — Toppsegel — Hauptmast — Großsegel

# Navigation

Die römischen Seefahrer kannten keine Navigationsinstrumente, hatten aber genaue Kenntnis der wichtigen Seewege auf dem Mittelmeer. Da es Aufzeichnungen über die günstigsten Routen und Reisezeiten gibt, wissen wir, daß die Schiffe nicht in Sichtweite der Küsten bleiben mußten.

Der Kapitän orientierte sich an der Sonne, dem Mond und den Sternen. Richtung und Geschwindigkeit des Windes gaben ihm auf seiner Fahrt weitere Anhaltspunkte. In wichtigen Häfen standen Leuchttürme; der berühmteste war der Pharos in Alexandria, an dem große Metallplatten das Licht eines Feuers reflektierten. Er war über 130 m hoch und galt als eines der sieben Weltwunder der Antike.

# Von der Republik zum Kaiserreich

Nach Caesars Tod (siehe Seite 13) flohen Brutus und Cassius, da sie die Republik nicht wiederherstellen konnten. Der Konsul Marcus Antonius wollte Caesars Platz einnehmen, doch er war bei vielen Senatoren nicht sehr beliebt. Einer von ihnen, Cicero, beschwor in feurigen Reden den Senat, Antonius zu ächten. Antonius wurde schließlich durch einen andern Konsul ersetzt. Inzwischen hatte Caesars Adoptivsohn Oktavian ein Heer von ehemaligen Legionären Caesars aufgestellt. Er überantwortete diese Truppen dem Senat, und Antonius wurde angegriffen.

Münze mit dem Kopf des Antonius

Antonius floh nach seiner Niederlage bei Mutina in Norditalien nach Gallien. Da die Konsuln im Kampf gefallen waren, stellte sich Oktavian zur Wahl.

Büsten von Oktavian und seiner Frau Livia

Oktavian forderte Rache für die Ermordung Caesars, wurde aber vom Senat nicht unterstützt. Deshalb schloß er sich Antonius und Lepidus an. Sie marschierten gegen Rom und zwangen den Senat, ihnen für fünf Jahre die Macht abzutreten. Oktavians Truppen brachten Tausende von Gegnern um. Unter den Opfern war auch Cicero. 42 v. Chr. besiegten Oktavian und Antonius bei Philippi (Makedonien) Brutus und Cassius.

Als Lepidus zurücktrat, teilten Oktavian und Antonius die Macht und damit das *Imperium Romanum* unter sich auf. Antonius erhielt den Osten, Oktavian den Westen (siehe Karte).

Reichsgebiet des Antonius
Reichsgebiet des Oktavian

Antonius lebte zehn Jahre lang in Ägypten mit Kleopatra, der Königin von Ägypten. Nach dem Sieg über seine Feinde im Westen wurde Oktavian vom Senat und vom römischen Volk anerkannt. Die Feindschaft zwischen ihm und Antonius wuchs. 31 v. Chr. besiegte er Antonius in der Seeschlacht bei Actium. Ein Jahr später begingen Antonius und Kleopatra Selbstmord.

Diese Gemme zeigt Oktavian als Meeresgott Neptun. Sie entstand zur Feier seines Sieges über Antonius bei Actium.

## Oktavian übernimmt die Macht

Oktavian beanspruchte jetzt auch Ägypten für sich und war nun der einzige Herrscher im Reich. 27 v. Chr. bot er dem Senat und dem Volk die Rückkehr zur Republik an. Oktavian wußte aber, daß der Senat dieses Angebot nicht annehmen konnte, da nur Oktavian selber die Ordnung garantieren konnte. Der Senat überließ ihm die Herrschaft über die Provinzen Syrien, Spanien und Gallien. Da dort die größten Truppenverbände standen, behielt er faktisch die Macht, auf die er scheinbar zugunsten der Republik verzichten wollte.

So wurde Oktavian der mächtigste aller Römer. Er erhielt den Zunamen Augustus (der Erhabene), und unter diesem Namen kennt ihn die Geschichtsschreibung. Er war der erste römische Kaiser, benutzte diesen Titel jedoch nicht. Die Zeit nach ihm wird zur Unterscheidung von der Zeit der Republik Kaiserzeit genannt.

Diese Kamee zeigt den Kopf des Augustus.

### Wichtige Jahreszahlen

**44 v. Chr.:** Ermordung Caesars.

**43 v. Chr.:** Oktavian, Antonius und Lepidus verbünden sich und ergreifen die Macht in Rom.

**Um 33 v. Chr.:** Wachsende Feindschaft zwischen Oktavian und Antonius.

**31 v. Chr.:** Oktavian besiegt Antonius und Kleopatra in der Schlacht bei Actium.

**30 v. Chr.:** Antonius und Kleopatra begehen Selbstmord. Oktavian nimmt Ägypten in Besitz und wird einziger Herrscher über das Römische Reich.

**27 v. Chr.:** Oktavian ernennt sich zum *princeps* (Ersten) und nimmt den Ehrentitel Augustus an.

# Das Zeitalter des Augustus
## (27 v. Chr.-14 n. Chr.)

Augustus nahm die Lösung der politischen Probleme Roms mit aller Kraft in Angriff. Da weitere Bürgerkriege das Reich nur geschwächt und für Angriffe von außen anfällig gemacht hätten, sicherte er zunächst seine eigene Stellung.

Er wußte, daß eine zu große Anzahl gut geschulter Truppen sich auch gegen ihn selbst wenden könnte und verringerte die Zahl der Legionen von 60 auf 28. Er fand die entlassenen Soldaten mit den Reichtümern Ägyptens ab und siedelte sie in Kolonien in ganz Italien an.

**Entlassener Soldat**

**Prätorianer**

Zu seinem persönlichen Schutz schuf er die Leibgarde der Prätorianer. Diese hochbezahlte Abteilung stationierte er in Rom und ganz Italien.

Unter Augustus wurden die Teile Spaniens und der Alpen unterworfen, die sich Rom bisher noch widersetzt hatten. Rhein und Donau bildeten jetzt die Grenze des Reiches. Die Karte unten zeigt die Ausdehnung des Reiches am Ende der Regierungszeit von Augustus.

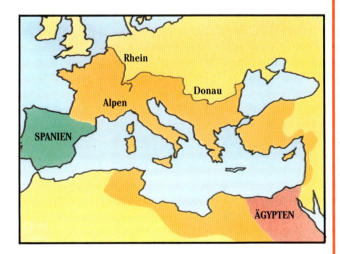

Augustus herrschte klug und erfolgreich. Unter seiner Regierung arbeiteten Senat und Kaiser eng zusammen. Das brachte nach andauernden Bürgerkriegswirren endlich Frieden. Die zerrüttete Republik ging in ein stabiles, aufblühendes Kaiserreich über. Als Augustus 14 n. Chr. starb, war der Gedanke an eine Erneuerung der Republik fast in Vergessenheit geraten.

# Tiberius
## (14-37 n. Chr.)

Augustus hatte keinen Sohn und wünschte sich einen seiner Enkel oder seiner Neffen als Nachfolger, doch starben diese jung. So erklärte er seinen Stiefsohn Tiberius zum Nachfolger. Während der letzten zehn Jahre seiner Regierungszeit teilten sie sich die Herrschaft. Augustus mochte Tiberius nicht, doch war dieser ein guter Soldat und in der Verwaltung erfahren.

**Statue des Tiberius**

Anfangs befolgte Tiberius den Rat von Augustus, das Reich nicht zu erweitern. Er lebte in ständiger Angst vor einem Mordanschlag. Zwar gab es keinen Hinweis auf eine Verschwörung, doch nutzte Sejanus, der Führer der Prätorianergarde, seine Furcht aus. 26 n. Chr. überredete er Tiberius, zur Sicherheit nach Capri überzusiedeln. Von da an mußte der Senat für jede Entscheidung schriftlich sein Einverständnis einholen. 31 n. Chr. fand Tiberius heraus, daß Sejanus ihn entmachten wollte, und enthüllte dies dem Senat. Sejanus und seine Familie wurden hingerichtet. Von Verfolgungswahn umnachtet, erließ Tiberius ein Gesetz gegen Verräter. Man verfolgte über hundert führende Persönlichkeiten, von denen 65 hingerichtet wurden oder Selbstmord begingen.

# Gaius (37-41 n. Chr.)

Gaius ist bekannter unter seinem Spitznamen Caligula, den er als Kind erhielt, weil er Soldatenstiefel *(caligae)* trug. Nach der Machtübernahme scheint er durch eine Krankheit den Verstand verloren zu haben. Er ernannte sich zum Gott und wollte sein Pferd zum Konsul wählen lassen. Er heiratete seine Schwester und brachte sie später um. Caligula zwang reiche Leute, ihn zum Erben einzusetzen und finanzierte so seine Ausgaben. Dies sowie seine Grausamkeit machten ihn verhaßt, und er wurde von der Prätorianergarde ermordet.

# Die Frühzeit des Kaiserreichs

## Claudius (41-54 n. Chr.)

Claudius, der Neffe von Tiberius, war behindert, schwächlich und nervös. Seine Familie und der Senat meinten, er sei dumm und für das Kaiseramt ungeeignet. Nach der Ermordung Caligulas spürte die Prätorianergarde ihn jedoch in einem Versteck im Palast auf und huldigte ihm als dem neuen Kaiser, während der Senat noch über die Wiederherstellung der Republik diskutierte. In der Folge stand der Senat Claudius stets ablehnend gegenüber.

Münze mit dem Kopf des Claudius

Claudius regierte jedoch umsichtig. Er reformierte die Verwaltung, erweiterte das Reich um Mauretanien und Thrakien und befahl die Invasion Britanniens. Agrippina, die letzte seiner vier Frauen, war seine Nichte. Sie soll ihn vergiftet haben, damit Nero, ihr Sohn aus erster Ehe, Kaiser werden konnte.

## Nero (54-68 n. Chr.)

Nero wurde schon mit 16 Jahren Kaiser. Da er in den ersten Jahren gute Ratgeber wie den Philosophen Seneca hatte, regierte er zuerst vernünftig. Jedoch nahm seine Überspanntheit bald tyrannische Formen an. Er ließ seine Mutter, seine Frau und Claudius' Sohn Britannicus sowie etliche seiner Ratgeber ermorden. Später wurde jeder, der ihm zu widersprechen wagte, ebenfalls umgebracht.

Nero nahm gern an Theateraufführungen, Rennen und Spielen teil. Viele Römer fanden sein Verhalten unpassend.

64 n. Chr. brannte Rom nieder. Nero soll den Brand gelegt haben, um eine neue, schönere Stadt bauen zu lassen. Er aber beschuldigte die Christen der Brandstiftung und ließ viele verbrennen oder den Löwen vorwerfen. Dadurch machte er sich noch mehr verhaßt.

Nach dem römischen Historiker Sueton sang Nero und spielte die Leier, als Rom brannte.

68 n. Chr. lehnte sich das Heer gegen Nero auf. Mehrere Feldherren versuchten, die Macht an sich zu reißen. Schließlich mußte Nero Rom verlassen und beging Selbstmord. Er war der letzte Kaiser aus dem Hause des Augustus.

## 69 n. Chr.: Das Jahr der vier Kaiser

Nach Neros Tod übernahm der Feldherr Galba mit Unterstützung der Prätorianergarde die Macht. Doch er zahlte den Wachen nicht genug und wurde schon bald ermordet. An seine Stelle trat Otho, der Statthalter der Provinz Spanien. Daraufhin riefen die Legionen am Rhein ihren Feldherrn Vitellius zum Kaiser aus. Sie zogen gegen Rom und besiegten Otho bei Cremona. Nun wollten aber die Legionen an der Donau ihren Heerführer Vespasian zum Kaiser erheben. Dieser zog ebenfalls gegen Rom und brachte Vitellius und seine Anhänger um.

Münze mit dem Kopf des Vespasian

## Vespasian (69-79 n. Chr.) und die flavische Dynastie

Vespasian wußte, daß er einen Bürgerkrieg nur durch gute Beziehungen zum Senat vermeiden konnte. Er einigte sich mit dem Senat, so daß dieser ihm kaiserliche Macht verlieh. Vespasian hatte zwei Söhne und begründete die flavische Dynastie. Titus Flavius Vespasianus war ein guter Herrscher. Er verlieh vielen Bewohnern der Provinzen das Bürgerrecht.

Vespasian ordnete den Bau des Kolosseums in Rom an. So sieht es heute aus.

## Titus (79-81 n. Chr.)

Vespasians Sohn Titus ist vor allem durch die Zerstörung Jerusalems im Jahre 70 (siehe Seite 65) bekannt. Zum Gedenken daran ließ er in Rom einen Triumphbogen errichten.

Titusbogen

## Domitian (81-96 n. Chr.)

Büste des Domitian

Titus' jüngerer Bruder Domitian mißachtete den Senat. Er machte sich unbeliebt, so daß es etliche Verschwörungen gegen ihn gab. Er konnte seine tyrannische Herrschaft nur durch Hochverratsprozesse und Hinrichtungen aufrechterhalten. 96 wurde er ermordet. Zu diesem Zeitpunkt bestand wohl zum letzten Mal die Möglichkeit, die Republik wiederherzustellen. Da der Senat jedoch einen starken Führer für erforderlich hielt, wurde der Jurist Nerva zum Kaiser gewählt. Nerva war der erste von fünf Adoptivkaisern.

## Nerva (96-98 n. Chr.)

Nerva herrschte erfolgreich und diplomatisch. Den Unwillen der Prätorianergarde, die bei seiner Ernennung übergangen worden war, besänftigte er mit der Adoption des berühmten Heerführers Trajan. Von da an war es üblich, daß der Kaiser mit dem Titel Augustus einen jüngeren Mitregenten als späteren Erben wählte, der den Titel Caesar führte. Nach dem Tod eines Augustus übernahm dessen Caesar seine Stellung und seinen Titel und bestimmte seinerseits einen Caesar. Nerva behandelte, ebenso wie seine vier Nachfolger, den Senat mit großem Respekt.

Die Kaisernachfolge:

Nerva — Der Augustus bestimmte einen Caesar als Nachfolger.
Trajan — Der Caesar übernahm die Macht und wurde Augustus.
Hadrian — Er wählte einen neuen Caesar zum Nachfolger.

Mit der Zeit wählte man Senatoren aus dem ganzen Reichsgebiet. Auch Personen, die nicht aus dem Gebiet des heutigen Italien stammten, konnten eine führende Stellung bekleiden. Nerva verlieh außerdem Land zu günstigen Bedingungen an Bauern. Deren Abgaben wurden zur Unterstützung von Waisen und Armen verwendet.

## Trajan (98-117 n. Chr.)

Nach der Eroberung großer Gebiete im Nahen Osten unter Trajan erreichte das Römische Reich seine größte Ausdehnung (siehe Seite 26-27). Trajans Feldzüge in Dacia (Rumänien) sind auf der Trajansäule in Rom dokumentiert.

Trajansäule

## Hadrian (117-138 n. Chr.)

Hadrian hielt sich mehr als die Hälfte seiner Regierungszeit in den Provinzen auf. Er gab die eroberten neuen Gebiete im Osten (außer Dacia) wieder auf, da er das Reich für zu groß hielt. Er reformierte die Verwaltung des Reiches; zum Beispiel ließ er den Senatoren und *equites* eine spezielle Ausbildung zuteil werden.

Hadrian ließ zum Schutz des Reiches die Grenzen befestigen. In Britannien geschah das durch den Hadrianswall, in Germanien durch den Limes.

Hadrianswall

## Antoninus Pius (138-161 n. Chr.)

Unter Antoninus Pius stand Rom auf dem Gipfel seines Reichtums und seiner Macht. Doch dies erregte den Neid der Barbaren und der Armen, weil sie davon ausgeschlossen waren.

## Marcus Aurelius (161-180 n. Chr.)

Marcus Aurelius befand sich in ständigem Kampf mit den Barbaren. Deshalb vergrößerte er das Heer und erhob zur Deckung der Kosten Steuern. Während seiner Herrschaft fielen Tausende Erwachsene und Kinder einer Seuche zum Opfer. Erstmals begannen die Menschen, Roms Allmacht anzuzweifeln.

Die Statue des Marcus Aurelius stand auf dem Kapitol.

### Wichtige Jahreszahlen: Die ersten Kaiser

| | |
|---|---|
| 27 v. Chr.-14 n. Chr.: Augustus | 79-81 n. Chr.: Titus |
| 14-37 n. Chr.: Tiberius | 81-96 n. Chr.: Domitian |
| 37-41 n. Chr.: Gaius (Caligula) | 96-98 n. Chr.: Nerva |
| 41-54 n. Chr.: Claudius | 98-117 n. Chr.: Trajan |
| 54-68 n. Chr.: Nero | 117-138 n. Chr.: Hadrian |
| 64 n. Chr.: Brand Roms | 138-161 n. Chr.: Pius |
| 69 n. Chr.: Jahr der vier Kaiser | 161-180 n. Chr.: Aurelius |
| 69-79 n. Chr.: Vespasian | |

# Die Verwaltung des Reichs

Das Römische Reich war in Provinzen eingeteilt. Diese wurden von Senatoren als Vertreter der Republik oder später des Kaisers verwaltet. Wurde ein Gebiet dem Reich einverleibt, erließ man für diese Provinz eigene Gesetze, die regionale Besonderheiten berücksichtigten und die Besteuerung festlegten. Sonst verwalteten sich die Provinzen weitgehend selbst. Die Karte zeigt die größte Ausdehnung und die Unterteilung des Reiches unter Trajan (98-117).

## Barbaren

Die Römer hielten die an den Reichsgrenzen lebenden Bauernstämme für minderwertig, roh und unzivilisiert und bezeichneten sie als Barbaren. Sie fühlten sich auch durch sie bedroht, da sie von den Römern eroberte Gebiete zurückhaben oder auch Vieh und andere Dinge entwenden wollten. Deshalb errichteten die Römer Schutzwälle an den Grenzen.

Westeuropa war vor der Eroberung durch Rom von bäuerlichen Stämmen und Nomaden bevölkert. Um das Land besser verwalten zu können und weil sie das Stadtleben schätzten, bauten die Römer dort große Städte. Die meisten von ihnen wurden nach dem folgenden Plan angelegt:

## Das Heer der Kaiserzeit

Als Augustus 31 v. Chr. Kaiser wurde, bestand das Heer aus 60 Legionen. Er verringerte es auf 28, die er zum Schutz der Grenzen einsetzte. Seine Nachfolger hielten immer etwa 30 Legionen unter Waffen. Hadrian rekrutierte erstmals die Soldaten an ihrem späteren Stationierungsort, zum Beispiel germanische Truppen in Germanien.

**Germanischer Soldat**

Mit der Zeit ließ die Schlagkraft des Heeres nach. Um zu verhindern, daß die Legionäre sich gegen den Herrscher wenden, räumten ihnen die Kaiser später besondere Rechte ein und erhöhten ständig den Sold. Dadurch wurden die Feldherren sehr mächtig, und es entstanden disziplinarische Probleme. Immer weniger Freiwillige meldeten sich. Zur Sicherung der Grenzen rekrutierten die Römer schließlich sogar Barbaren.

Die Kultur der meisten Länder im östlichen Mittelmeer war viel älter als die römische und stark von den Griechen beeinflußt. Es handelte sich um städtische Gemeinschaften mit einer Zentralverwaltung, die Steuern eintrieb.

Viele römische Bauwerke waren griechischen Tempeln nachgebildet.

## Verwaltung der Provinzen

In der Republik ernannte der Senat für jede Provinz einen Statthalter, der aus den Reihen der ehemaligen *praetores* und Konsuln stammte und ein bis drei Jahre im Amt blieb. Die Statthalter befehligten die Truppen in der Provinz, sicherten die Grenzen und hielten die Ordnung aufrecht. Sie ließen die Steuern einziehen, mit denen sie die Truppen bezahlten. Bei wichtigen Prozessen wirkten sie als Richter. Statthalter bezogen kein Gehalt, sondern eine Aufwandsentschädigung. Da viele von ihnen sich nicht auf eine Entschädigung durch den Senat verlassen wollten, preßten sie so viel wie möglich aus der Provinz. Das machte sie sehr unbeliebt.

Dem Statthalter stand ein *quaestor* zur Seite, der die Finanzen der Provinz verwaltete und Steuern einzog.

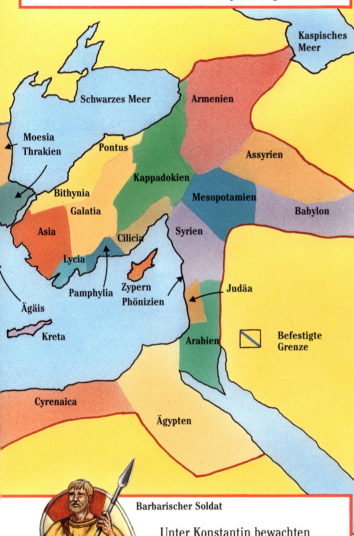

Drei oder vier *legati* führten von Tag zu Tag die Anweisungen des Statthalters aus.

*Apparitores* genannte Beamte arbeiteten als Schreiber oder Boten. Sie kamen meist aus Rom.

In der Kaiserzeit büßte der Senat seine Macht in den Provinzen weitgehend ein, da der Kaiser gefährdete Gebiete an den Grenzen direkt kontrollierte. Unter Augustus blieb nur die Legion in Africa dem Senat unterstellt. Von da an behielt sich der Kaiser in der Provinzverwaltung immer die letzte Entscheidung vor, wenn auch in bestimmten Gebieten zeitweise der Senatseinfluß bedeutend war. Da der Kaiser nicht alle Provinzen persönlich kontrollieren konnte, mußte er zum Teil damit Senatoren betrauen.

Die Finanzgeschäfte der Provinz wurden unter den Kaisern nicht von Quästoren erledigt, sondern von kaiserlichen Beauftragten, den *procuratores Augusti*. Sie erstatteten dem Kaiser direkt Bericht, und so hielt er die Statthalter unter Kontrolle.

**Barbarischer Soldat**

Unter Konstantin bewachten die in der Nähe der Kastelle lebenden Bauern die Grenzen. Zu ihrer Unterstützung schuf er bewegliche Reiterheere, die an den Grenzen stationiert waren. Dies ging etwa hundert Jahre lang gut, dann gab es Uneinigkeiten und die Barbaren fielen ein (siehe Seite 78-79).

# Belagerung und militärische Anlagen

Die Römer waren entschlossene Kämpfer, die sogar durch Mauern geschützte oder auf Felsen gebaute Städte eroberten. Manchmal schlossen sie eine Stadt nur ein, so daß die Einwohner entweder vor Hunger sterben oder sich ergeben mußten. Da dies aber viel Zeit in Anspruch nahm, entwickelten sie bessere Techniken zur Erstürmung. Sie setzten schwere Waffen und Geschütze ein. Diese *tormenta* konnten brennende Geschosse über weite Strecken schleudern. Gedrehte Seile wurden gespannt und wieder losgelassen, so daß die Geschosse mit großer Wucht vorwärtsschnellten. So wie hier könnte eine Belagerung ausgesehen haben.

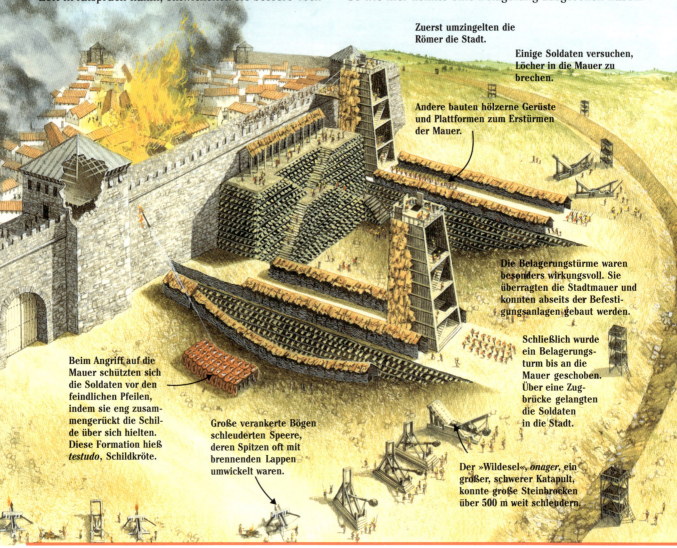

Zuerst umzingelten die Römer die Stadt.

Einige Soldaten versuchen, Löcher in die Mauer zu brechen.

Andere bauten hölzerne Gerüste und Plattformen zum Erstürmen der Mauer.

Die Belagerungstürme waren besonders wirkungsvoll. Sie überragten die Stadtmauer und konnten abseits der Befestigungsanlagen gebaut werden.

Schließlich wurde ein Belagerungsturm bis an die Mauer geschoben. Über eine Zugbrücke gelangten die Soldaten in die Stadt.

Beim Angriff auf die Mauer schützten sich die Soldaten vor den feindlichen Pfeilen, indem sie eng zusammengerückt die Schilde über sich hielten. Diese Formation hieß *testudo*, Schildkröte.

Große verankerte Bögen schleuderten Speere, deren Spitzen oft mit brennenden Lappen umwickelt waren.

Der »Wildesel«, *onager*, ein großer, schwerer Katapult, konnte große Steinbrocken über 500 m weit schleudern.

## Ständige Befestigungsanlagen

Hadrian wollte die Grenzen dauerhaft befestigen und ließ in Germanien, Numidien und Britannien Wälle bauen. Der Hadrianswall in Britannien ist am besten erhalten. Er zieht sich über fast 130 km vom Tyne zum Solway und wurde zwischen 122 und 129 erbaut. Der Wall diente nicht wie eine Stadtmauer nur als Barriere, sondern erfüllte auch eine politische Aufgabe. Von hier aus konnten die nördlichen Stämme kontrolliert werden. Hier eine Rekonstruktion des Hadrianswalls.

Hadrianswall

In den Wall baute man in etwa gleichen Abständen 16 große Kastelle ein, in denen jeweils Hilfskohorten von 1000 Mann oder Reitereidivisionen von 500 Mann samt Pferden untergebracht waren.

Der Wall wurde von den Soldaten der drei britannischen Legionen errichtet. Diese waren eigentlich auch für Reparaturen und die Verwaltung zuständig, aber meist sorgten dort Hilfstruppen dafür.

# Grenzsicherung

An den Grenzen errichteten die Legionen befestigte Lager, die den rasch auf- und wieder abgebauten Marschlagern glichen (siehe Seite 17). Ein Legionärslager faßte ungefähr 5000 Mann. Da sie immer gleich angelegt wurden, fanden sich die Soldaten an jedem Ort sofort zurecht. Anfangs lebten die Soldaten in Zelten, später in Steinhütten. Seit dem Ende des 2. Jahrhunderts n. Chr. bauten sie Kastelle aus Stein.

1 *principium* (Hauptquartier)
2 *praetorium* (Feldherrenhaus)
3 Kasernen
4 Kornspeicher
5 Exerzierhalle
6 Werkstatt
7 Offiziersunterkünfte
8 Kaserne der ersten Kohorte
9 Unterkunft der Reiterei
10 Häuser der Zenturionen der ersten Kohorte
11 Haus des ersten Zenturio
12 *valetudinarium* (Krankenhaus)

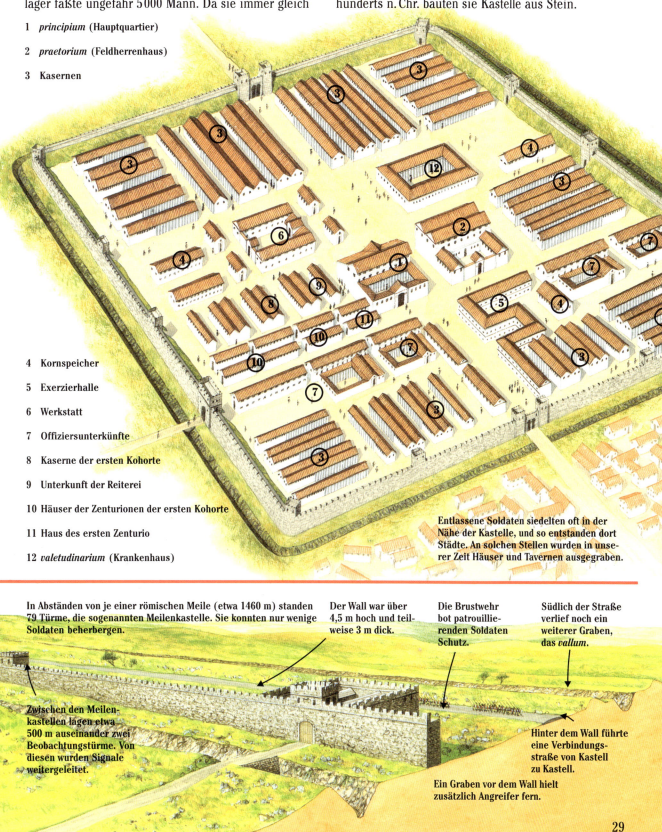

Entlassene Soldaten siedelten oft in der Nähe der Kastelle, und so entstanden dort Städte. An solchen Stellen wurden in unserer Zeit Häuser und Tavernen ausgegraben.

In Abständen von je einer römischen Meile (etwa 1460 m) standen 79 Türme, die sogenannten Meilenkastelle. Sie konnten nur wenige Soldaten beherbergen.

Der Wall war über 4,5 m hoch und teilweise 3 m dick.

Die Brustwehr bot patrouillierenden Soldaten Schutz.

Südlich der Straße verlief noch ein weiterer Graben, das *vallum*.

Zwischen den Meilenkastellen lagen etwa 500 m auseinander zwei Beobachtungstürme. Von diesen wurden Signale weitergeleitet.

Hinter dem Wall führte eine Verbindungsstraße von Kastell zu Kastell.

Ein Graben vor dem Wall hielt zusätzlich Angreifer fern.

# Römische Städte

Anfangs entstanden die römischen Städte planlos im Gegensatz zu den griechischen, die schachbrettartig angelegt waren. Der griechische Städtebauer Hippodamus hatte um 450 v. Chr. die Stadtplanung eingeführt. Als die Römer die griechischen Städte in Süditalien um 250 v. Chr. eroberten, übernahmen sie deren Art der Stadtanlage. Zusätzlich bauten die Römer jeweils ein *forum*, Basiliken, Amphitheater, Bäder, Kanalisation und Wasserleitung. So wie hier kann eine typische römische Stadt ausgesehen haben.

Viele Provinzstädte, die schon vor der Eroberung durch Rom bestanden hatten, waren ummauert. In der Frühzeit der Republik wurden diese Mauern überflüssig, da das Heer die Städte verteidigte. Neue Städte durften keine Mauern mehr bauen. Als das Reich später von außen bedroht wurde, errichtete man zuerst Erdwälle, später auch Steinmauern.

Bibliothek

Sportstätte (Gymnasium)

*thermae* (öffentlichen Bäder, siehe Seite 60-61)

Aufstrebende Städte waren übervölkert und geschäftig. Die Bevölkerung wohnte dicht gedrängt in Mietskasernen, denn die Stadtmauer verhinderte eine weitere Ausdehnung.

Selbst Kleinstädte hatten meist ein Theater und ein Amphitheater.

Es gab es viele *tabernae* (Tavernen) und *thermopolia* (Imbißstuben) sowie *pistrina* (Bäckereien).

Jede Stadt hatte mindestens vier Tore, durch die Straßen zu den Nachbarstädten führten.

Viele römische Städte wurden mehrmals zerstört und wieder aufgebaut. Deshalb ist das Grundmuster meist kaum noch zu erkennen. Eine Ausnahme bilden die Ruinen von Timgad in Algerien. Diese Stadt wurde am Ende der Römerzeit aufgegeben.

Da innerhalb der Stadtmauern niemand beigesetzt werden durfte, säumten Grabstätten die Landstraßen.

Da sich der Verkehr häufig staute, durften in vielen römischen Städten tagsüber nur Baufahrzeuge verkehren.

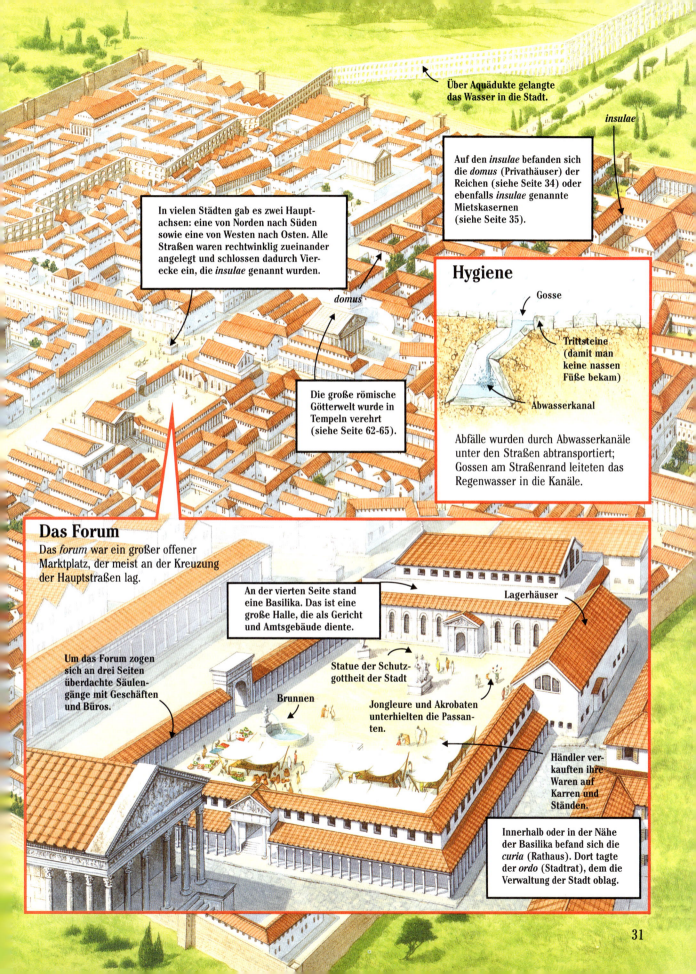

# Die Stadt Rom

Rom wuchs aus kleinen Siedlungen auf sieben Hügeln zur größten und mächtigsten Stadt der Antike heran. Reichtum und Macht des Römischen Reiches spiegelten sich in den öffentlichen Bauwerken und Monumenten der Hauptstadt wieder. Da sich viele Kaiser in der Stadt verewigen wollten, versuchte jeder, die Bauwerke seiner Vorgänger an Glanz und Größe zu übertreffen. Aber es gab auch zahlreiche, verkommene Mietskasernen. Rom hatte zeitweise bis zu einer Million Einwohner! So kann die Stadt zur Kaiserzeit ausgesehen haben.

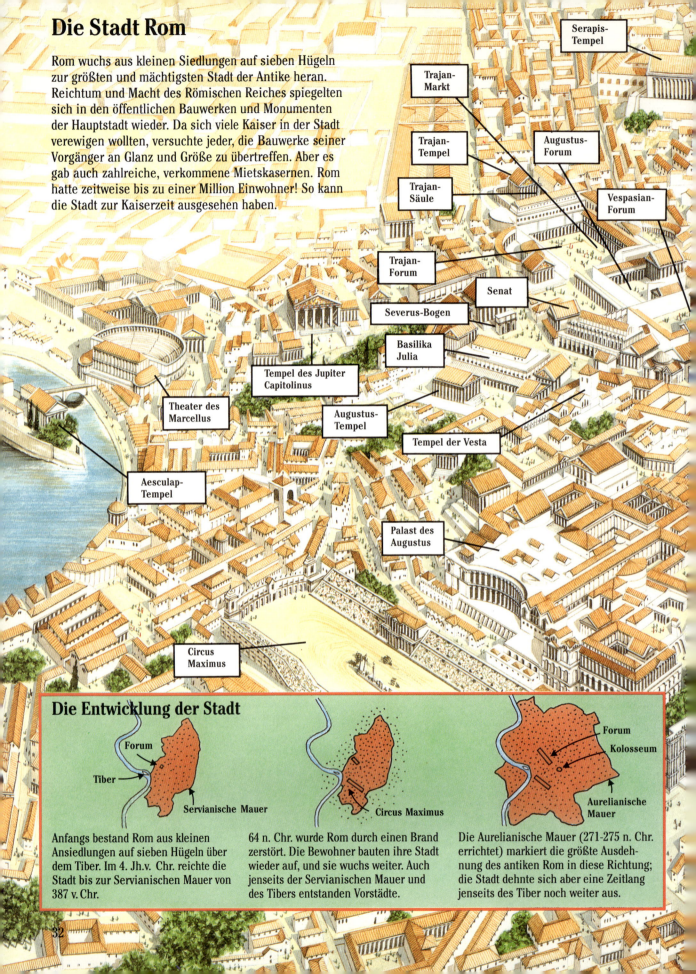

## Die Entwicklung der Stadt

Anfangs bestand Rom aus kleinen Ansiedlungen auf sieben Hügeln über dem Tiber. Im 4. Jh.v. Chr. reichte die Stadt bis zur Servianischen Mauer von 387 v. Chr.

64 n. Chr. wurde Rom durch einen Brand zerstört. Die Bewohner bauten ihre Stadt wieder auf, und sie wuchs weiter. Auch jenseits der Servianischen Mauer und des Tibers entstanden Vorstädte.

Die Aurelianische Mauer (271-275 n. Chr. errichtet) markiert die größte Ausdehnung des antiken Rom in diese Richtung; die Stadt dehnte sich aber eine Zeitlang jenseits des Tiber noch weiter aus.

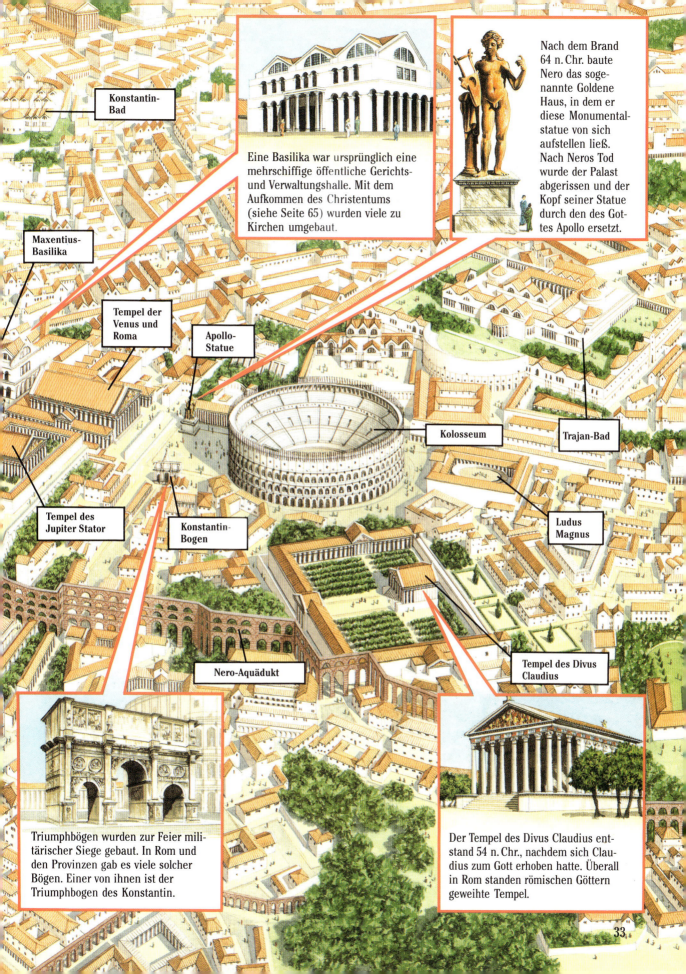

# Stadthäuser

Schon in der ausgehenden Republik wohnten die meisten Städter in Mietskasernen. Eine einzelne Wohnung in einer solchen *insula* hieß *cenaculum*. Nur sehr reiche Leute konnten sich ein *domus*, also ein eigenes Haus leisten. Ein Verzeichnis von 350 n. Chr. gibt für die Stadt Rom 1790 *domus* und 46 602 *insulae* an. In anderen Städten kann es mehr Privathäuser gegeben haben.

## Ein Privathaus

Die meisten Stadthäuser waren nach dem gleichen Plan gebaut und verfügten gewöhnlich nur über ein Stockwerk.

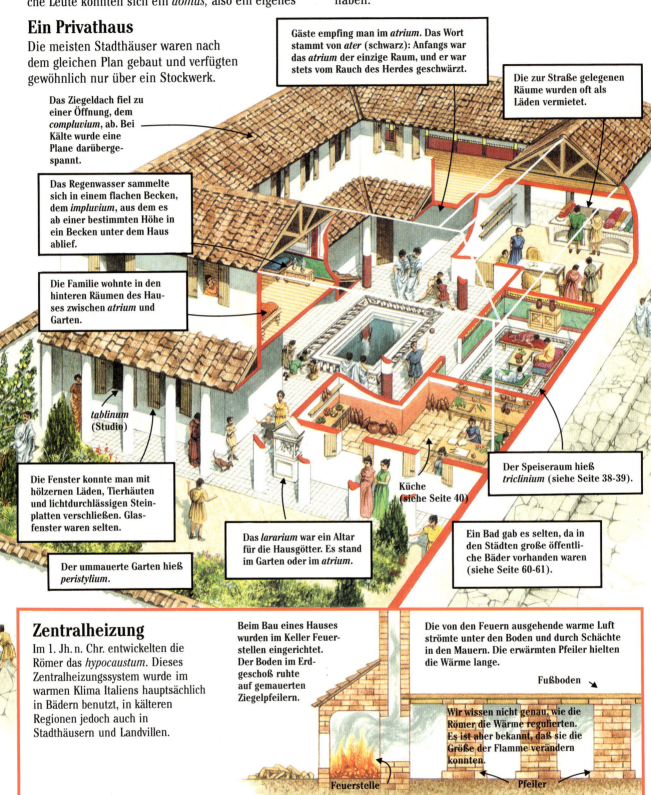

Gäste empfing man im *atrium*. Das Wort stammt von *ater* (schwarz): Anfangs war das *atrium* der einzige Raum, und er war stets vom Rauch des Herdes geschwärzt.

Die zur Straße gelegenen Räume wurden oft als Läden vermietet.

Das Ziegeldach fiel zu einer Öffnung, dem *compluvium*, ab. Bei Kälte wurde eine Plane darübergespannt.

Das Regenwasser sammelte sich in einem flachen Becken, dem *impluvium*, aus dem es ab einer bestimmten Höhe in ein Becken unter dem Haus ablief.

Die Familie wohnte in den hinteren Räumen des Hauses zwischen *atrium* und Garten.

*tablinum* (Studio)

Die Fenster konnte man mit hölzernen Läden, Tierhäuten und lichtdurchlässigen Steinplatten verschließen. Glasfenster waren selten.

Der ummauerte Garten hieß *peristylium*.

Das *lararium* war ein Altar für die Hausgötter. Es stand im Garten oder im *atrium*.

Küche (siehe Seite 40)

Der Speiseraum hieß *triclinium* (siehe Seite 38-39).

Ein Bad gab es selten, da in den Städten große öffentliche Bäder vorhanden waren (siehe Seite 60-61).

## Zentralheizung

Im 1. Jh. n. Chr. entwickelten die Römer das *hypocaustum*. Dieses Zentralheizungssystem wurde im warmen Klima Italiens hauptsächlich in Bädern benutzt, in kälteren Regionen jedoch auch in Stadthäusern und Landvillen.

Beim Bau eines Hauses wurden im Keller Feuerstellen eingerichtet. Der Boden im Erdgeschoß ruhte auf gemauerten Ziegelpfeilern.

Die von den Feuern ausgehende warme Luft strömte unter den Boden und durch Schächte in den Mauern. Die erwärmten Pfeiler hielten die Wärme lange.

Fußboden

Wir wissen nicht genau, wie die Römer die Wärme regulierten. Es ist aber bekannt, daß sie die Größe der Flamme verändern konnten.

Feuerstelle  Pfeiler

# Mietskasernen

Manche Wohnungen waren großzügig und komfortabel, andere eng und schmutzig; sie hatten mehrere Zimmer oder nur eines. Die *insulae* durften normalerweise nicht mehr als vier oder fünf Etagen haben.

In den oberen, aus Holz gebauten Stockwerken lebten arme Mieter in kleinen, meist schäbigen Räumen.

Die Hauseigentümer bauten oft zusätzliche Zimmer aus schlechtem Material, um Geld zu sparen. Nicht selten stürzten Häuserblocks ein.

Da es keinen Kamin gab, wurde in sehr feuergefährlichen offenen Kohlebecken geheizt.

Die Menschen warfen ihre Abfälle in die Straßengossen. In der Stadt gab es keine Kanalisation.

Reiche Mieter verfügten über mehrere gut möblierte, bequeme Räume.

Die *insulae* hatten selten eigene Toiletten. Man mußte öffentliche Einrichtungen benutzen.

Man konnte in den Wohnungen nicht kochen, aß deshalb kalt oder speiste in Gasthäusern.

Die unteren Stockwerke waren besser gestellten Mietern vorbehalten.

Das Wasser wurde aus öffentlichen Brunnen geholt.

Die Räume zur Straße hin wurden als Läden oder Tavernen vermietet. Im Erdgeschoß wohnte selten jemand.

Die Stockwerke waren durch ein Treppenhaus verbunden.

# Brandbekämpfung

Im heißen, trockenen Klima von Rom bestand ständig Brandgefahr, besonders da die Häuser und Straßen überbevölkert waren und mit offenem Feuer geheizt und gekocht wurde. Augustus schuf für die Stadt eine Feuerwehr aus sieben *vigiles* mit je 1000 Mann. Jede dieser Brigaden war für zwei der 14 Stadtbezirke zuständig. Dieses Feuerwehr-Modell übernahmen andere Städte in kleinerem Maßstab.

Kleine Brände wurden mit Handpumpen bekämpft, die aber nur wenig Wasser verspritzten.

Mit Eimern und Schwämmen benetzte man Wände, auf die das Feuer noch nicht übergegriffen hatte.

# Einrichtung

Römische Häuser waren nur spärlich möbliert. Die meisten Räume außer dem *atrium* und dem *tablinum* (siehe Seite 34) waren für mehrere Möbelstücke zu klein. Man hat römische Möbelstücke aus Marmor und Metall gefunden, die jedoch nicht typisch sein müssen. Vermutlich waren die meisten Möbel aus Holz, das natürlich längst vermodert ist.

Je nach Verwendung der Liege wurde eine Rücken-, Kopf- oder Fußstütze angebracht.

Kissen und Matratzen waren mit Wolle oder Federn gefüllt.

Geflecht aus Leder oder Stoff

Zum Zudecken genügte eine Decke.

## Betten

Betten und Liegen waren wichtige Möbelstücke. Sie standen in Arbeits- und Speiseräumen ebenso wie in Schlafzimmern.

Luxuriöse Bettgestelle wiesen oft Verzierungen aus Edelmetall auf.

Weitere römische Liegen

## Stühle

*scamnum*

Ein Schemel hieß *scamnum*. Er hatte drei Beine und eine runde Sitzfläche aus Holz oder vier Beine und eine quadratische oder rechteckige Sitzfläche. Diese bestand meist aus Bronze.

Klappstuhl   *sella*   *bisellium*

Eine *sella* war ein Sessel mit vier Beinen und Armlehnen, aber ohne Rückenlehne. Höhergestellte Personen benutzten die Luxusausführung davon, das *bisellium*. Es gab auch Klappstühle.

Die *cathedra* aus Korbweide mit der hohen, gebogenen Lehne benutzten meist alte Leute. Die Richter saßen auf einer *cathedra* mit massiver Rückenlehne.

## Tische

Marmortisch

Die Römer gaben viel Geld für Tische aus. Marmor- und Steintische waren sehr verbreitet, da die Römer gern im Freien speisten.

Tisch aus Metall und Holz

Besonders teuer war ein *monopodium*, dessen Mittelstütze aus Elfenbein gedrechselt war oder aus kunstvoll geformtem Gußeisen bestand. Die Tischplatte wurde häufig aus wertvollen, seltenen Holzarten hergestellt.

## Heizung und Beleuchtung

Die Römer benutzten Öllampen und Kerzen, um die Räume zu beleuchten. Kohlebecken aus Bronze oder eingefaßte Öfen dienten zum Heizen. Sie feuerten mit Holz, Holzkohle und Koks.

Bei der Herstellung von Wachskerzen wurde der Stengel einer papyrusähnlichen Sumpfpflanze in Wachs oder Talg getaucht; dann drehte man die Kerzen wie ein Seil zusammen.

Kohlebecken

Öllampen, die zu Tausenden gefunden wurden, bestanden aus Terrakotta oder Metall und wurden mit Olivenöl, Nuß- oder Sesamöl oder Tran gefüllt. Sie gaben etwa soviel Licht wie eine Kerze.

Der Docht ragte vorn aus einer Tülle heraus.

Die Lampen waren lang und flach und hatten einen Griff.

Es gab auch Hängelampen.

## Schränke

Die Römer benutzten schwere Truhen und Schränke.

Laternen benutzte man ebenfalls häufig. Die Flamme wurde durch Horn oder eine Tierblase geschützt, später durch Glas.

# Dekoration

Die Römer legten mehr Wert auf die Innenausstattung eines Hauses als auf sein Äußeres. So sahen viele Häuser außen schäbig aus, bargen aber im Innern üppige Wandgemälde und Mosaiken.

Die Römer übernahmen Stile und Techniken von den Griechen. Viele ließen ihr Haus von griechischen Künstlern ausgestalten. Hier sind diese Künstler bei der Arbeit.

Die Farbe wurde auf den noch nassen Putz aufgetragen. Die so entstandenen Bilder nennt man Fresken.

Sehr beliebt waren Landschaftsbilder, Naturszenen mit Tieren und dekorative Stilleben mit Früchten.

Architektonische Motive waren gleichfalls verbreitet. Tricks mit der Perspektive ließen die Räume größer erscheinen.

War der Untergrund getrocknet, wurde das Bild gemalt. Die Farben verdickte man mit Eiweiß.

Farben bestanden aus Steinmehl, Pflanzenextrakten oder tierischen Farbstoffen.

Seit dem 1. Jh. v. Chr. waren Mosaiken aus kleinen Steinchen sehr beliebt.

Oft stellte man Gestalten der griechischen Mythologie dar.

Die Hauseigentümer ließen sich häufig porträtieren.

Man trug Mörtel auf und drückte die Steinchen hinein.

Anfangs bevorzugte man Muster in Schwarz und Weiß. Diese blieben in der Umgebung von Rom modern.

Für komplizierte Porträts oder Muster wurden farbige Steine benutzt.

Die Mosaiken wurden in einer Werkstatt entworfen und dann in den Häusern mit vorgefertigten Steinchen ausgeführt.

## Statuen

Die Statuen in den Räumen waren mit leuchtenden Farben bemalt, die heute verblaßt sind.

Springbrunnen wurden oft mit Meeresbewohnern geschmückt.

Beliebte Motive waren Götter, Göttinnen und Tiere.

# Speisen und Mahlzeiten

Zum Frühstück aßen die Römer Brot oder Weizenkekse mit Honig, Datteln oder Oliven; dazu tranken sie Wasser oder Wein. Mittags zum *prandium* wurden, wenn man überhaupt etwas aß, Brot und Reste der letzten Hauptmahlzeit verzehrt. Nach dem Besuch der Bäder wurde am Nachmittag die Hauptmahlzeit (*cena*) aufgetragen.

In der Frühzeit der Republik war die *cena* sehr einfach. Man aß Weizenbrei mit Soße und Gemüse. Fleisch gab es nur nach der Opferung von Tieren an religiösen Feiertagen oder zu besonderen Gelegenheiten, später dann öfter. Die Reichen speisten besser.

## Ein Gastmahl

In reichen Häusern fanden in der Kaiserzeit ausschweifende Gelage statt. Man gab sie zu Ehren von Freunden oder bedeutenden Persönlichkeiten, um seinen Wohlstand zu demonstrieren. Das sah etwa so aus:

Zur Zeit der Republik durften nur Männer an formellen Gastmählern teilnehmen, in der Kaiserzeit auch Frauen. Anfangs saß man beim Essen auf Stühlen um den Tisch, später speiste man liegend.

Die Römer kannten weder Messer noch Gabel. Sie aßen mit den Fingern oder mit Löffeln. Zwischen den Gängen wischten Sklaven den Gästen die Hände ab.

Ein Dichter trug den Gästen etwas vor.

In einigen Speiseräumen gab es Mosaiken, die Speisereste darstellten.

Eine Tischseite blieb frei, damit die Sklaven auftragen und abräumen konnten.

Die Sklaven servierten zum Essen Wein, zuweilen in Weinwärmern.

## Die Speisekarte

Als erster Gang wurden Salat, Rettich, Pilze, Austern und andere Schalentiere, Sardinen und Eier aufgetragen. Danach reichte man mit Honig gesüßten Wein, *mulsum*.

Der Hauptgang bestand aus sieben Speisen, darunter Fisch, Fleisch und Geflügel. Dazu gab es Gemüse und Soßen. Anstatt abzuräumen, trugen die Sklaven die Tische dann hinaus und brachten neue mit Früchten, Nüssen und Honigkuchen. Dieser Gang hieß *secundae mensae*, das heißt »zweite Tische«.

Zum Essen gab es viel Wein. Die Römer kannten 200 Weinsorten, die von überallher kamen. Der beste Wein stammte angeblich aus Campania um Neapel.

## Römische Rezepte

Ein Rezeptbuch des Feinschmeckers Apicius aus dem 4. Jh. n. Chr. beschreibt römische Speisen und ihre Zubereitung ausführlich.

Die Soßen waren sehr wichtig. Man bereitete sie selbst sorgfältig zu oder kaufte sie fertig. Die häufigste, *liquamen* oder *garum*, enthielt Fisch, Salz und Kräuter.

Für *defrutum*, eine weitere Soße, wurde Fruchtsaft durch Kochen um ein Drittel reduziert und dann anderen Speisen beigefügt.

## Eßgeschirr

Das Essen wurde auf Glas- oder Keramikplatten aufgetragen. Wer es sich leisten konnte, benutzte mit Ornamenten verzierte Platten aus Gold und Silber.

Überall im Römischen Reich wurde Zierglas hergestellt.

Silberner Trinkbecher

Löffel

Silbersieb

Verzierte Gefäße aus rotem Ton waren im ganzen Römischen Reich sehr verbreitet.

Die Römer verstanden sich auf die Metallbearbeitung. In reichen Haushalten gab es fein verzierte Gefäße und Platten.

### Die Sitzordnung

| | | | |
|---|---|---|---|
| *medius* | 3 2 1 | 3 | |
| | | 2 | |
| | 1 | 1 | |
| *imus* | 2 | | |
| | 3 | *summus* | |

Bei formellen Banketten nahmen auf jeder Liege drei Personen ihrer sozialen Stellung gemäß Platz. Die Liegen hießen *summus, medius, imus* (obere, mittlere, untere). Der beste Platz war *medius 3*, der zweitbeste *imus 1*. Ein sehr reicher Gastgeber bewirtete an zwei Tischen jeweils neun Personen. Zu einem zwanglosen Essen konnten auch weniger eingeladen werden.

Die Gastgeber sorgten auch für Musik, Tanz, Akrobaten, Zauberkünstler und Jongleure. Bei vornehmen Gastmählern trugen Dichter ihre Werke vor.

### Gefüllte Datteln

Als Nachtisch aßen die Römer häufig gefüllte Datteln, die man leicht selbst zubereiten kann.

Mische zerkleinerte Äpfel, Nüsse, Brot und Kuchenkrümel, und gib eine Prise Zimt oder Muskat sowie etwas Fruchtsaft zu.

Kappe die Datteln oben, und entferne die Steine.

Gib jeweils einen Löffel Füllung in eine Dattel.

## Musik und Musiker

Es war zwar verbreitet, daß reiche Bürger privat musizierten, aber Gesang, Spiel oder Tanz in der Öffentlichkeit fand man unziemlich. Berufsmusiker oder Tänzer waren fast immer Sklaven oder Freigelassene. Außer bei Gastmählern traten sie auch bei Prozessionen und Paraden, im Theater und bei öffentlichen Spielen auf. Sie spielten auf folgenden Instrumenten:

Pfeifen    Leier    Flöte    Zymbeln

Tamburin

# In der Küche

Einfache Häuser oder Wohnungen hatten keine Küche, und in den Wohnräumen durften die Bewohner wegen der Brandgefahr nicht kochen. Warme Mahlzeiten nahmen sie daher in den Tavernen ein. In den Häusern der Reichen gab es dagegen große, gut ausgestattete Küchen und Sklaven, die auf das Kochen bestimmter Gerichte spezialisiert waren. Die Zubereitung der Hauptmahlzeit nahm fast den ganzen Tag in Anspruch.

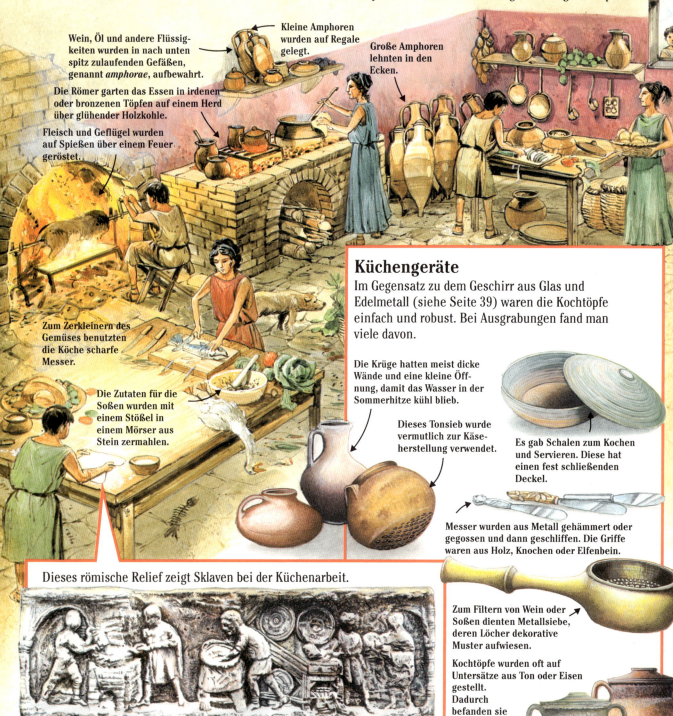

Wein, Öl und andere Flüssigkeiten wurden in nach unten spitz zulaufenden Gefäßen, genannt *amphorae*, aufbewahrt.

Kleine Amphoren wurden auf Regale gelegt.

Große Amphoren lehnten in den Ecken.

Die Römer garten das Essen in irdenen oder bronzenen Töpfen auf einem Herd über glühender Holzkohle.

Fleisch und Geflügel wurden auf Spießen über einem Feuer geröstet.

Zum Zerkleinern des Gemüses benutzten die Köche scharfe Messer.

Die Zutaten für die Soßen wurden mit einem Stößel in einem Mörser aus Stein zermahlen.

## Küchengeräte

Im Gegensatz zu dem Geschirr aus Glas und Edelmetall (siehe Seite 39) waren die Kochtöpfe einfach und robust. Bei Ausgrabungen fand man viele davon.

Die Krüge hatten meist dicke Wände und eine kleine Öffnung, damit das Wasser in der Sommerhitze kühl blieb.

Dieses Tonsieb wurde vermutlich zur Käseherstellung verwendet.

Es gab Schalen zum Kochen und Servieren. Diese hat einen fest schließenden Deckel.

Messer wurden aus Metall gehämmert oder gegossen und dann geschliffen. Die Griffe waren aus Holz, Knochen oder Elfenbein.

Zum Filtern von Wein oder Soßen dienten Metallsiebe, deren Löcher dekorative Muster aufwiesen.

Kochtöpfe wurden oft auf Untersätze aus Ton oder Eisen gestellt. Dadurch befanden sie sich nicht im offenen Feuer.

Dieses römische Relief zeigt Sklaven bei der Küchenarbeit.

Zwei Sklaven versorgen die Feuerstelle.

Ein anderer scheffelt Mehl aus einem Sack.

Ein dritter bereitet einen Teig.

# Schmuck

In der Frühzeit der Republik trugen wenige Menschen Schmuck. Nur wer zur Oberschicht gehörte, durfte Goldringe tragen. Das änderte sich, als Rom sich nach Osten ausdehnte, wo es viele Edelmetalle gab. Getragen wurde Schmuck aus Gold, Silber, Bronze und Eisen mit Opalen, Smaragden, Saphiren und Perlen. Anstelle von Edelsteinen wurde häufig auch geschliffenes Glas verwendet. Ringe wurden sowohl von Männer als auch von Frauen getragen. Ohrringe, Halsketten, Fußspangen, Haarnadeln und Broschen wurden für Frauen hergestellt. In der ausgehenden Kaiserzeit waren sie sehr kunstvoll gearbeitet. Solchen Schmuck, wie er hier abgebildet ist, hat man im gesamten Römischen Reich gefunden.

In die Oberfläche von Edelsteinen wurde oft ein Motiv eingeschnitten wie bei dieser Gemme aus Herculaneum.

Andere Steine setzte man in Ringe ein, die aus Goldteilen zusammengefügt waren.

Ein goldener Schlangenarmreif sollte ein langes Leben gewährleisten. Diese beiden stammen aus Pompeii.

Feine Goldketten waren als Halsketten sehr verbreitet. Sie wurden aus etlichen Goldfäden gedreht.

Dieses Armband ist aus vielen Goldfäden gewirkt.

Jedes Blatt dieses Halsschmucks aus Pompeii ist aus Blattgold ausgestanzt.

Perlen waren sehr beliebt. Ohrringe wie diese trug man um Pompeii und Herculaneum.

Ohrringe waren meist aus Gold und wurden manchmal mit Halbedelsteinen geschmückt. Dieses Paar mit Smaragden stammt aus Neapel.

Anstecknadeln aus Elfenbein oder Gold wurden mit verschiedenen Motiven verziert und im Haar oder an der Kleidung getragen.

In den Provinzen verwendeten die Juweliere einheimisches Material. Dieser Reif stammt aus England und besteht aus Gagat, einer Art Braunkohle.

## Gemmen und Kameen

Halbedelsteine mit eingeschnittenen Miniaturen waren sehr beliebt. Bei Gemmen ist das Motiv als Vertiefung zu sehen, bei Kameen dagegen erhaben. Oft wurde Sardonyx verwendet, ein Stein mit mehreren Farbschichten.

Der Graveur wählte den Stein sorgfältig aus, damit die einzelnen Farben deutlich zu erkennen waren.

Bei einer Kamee schnitt er das Motiv so heraus, daß der erhabene Teil eine andere Farbe hatte als der Grund.

Beliebte Motive waren der kaiserliche Adler und Porträts bekannter Persönlichkeiten.

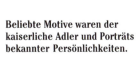

Dieses Skelett aus Herculaneum läßt vermuten, daß die Römer ihre Ringe am zweiten Fingerglied getragen haben. Manchmal waren es auch mehrere Ringe an jedem Finger.

# Kleidung und Mode

Unser Wissen über die Kleidung der Römer stammt von Malereien, Statuen und aus Schriftstücken. Etwa tausend Jahre lang wechselte die Mode in Rom kaum. Man trug Kleider aus Wolle oder Leinen. In der Kaiserzeit wurde Baumwolle aus Indien importiert, die allerdings sehr teuer war. Der Preis der chinesischen Seide in Gold war dreimal so hoch wie ihr Gewicht. In kalten Gegenden trug man auch Pelze und Filz. Die meisten Kleidungsstücke bestanden aus großen, meist ungefärbten und ungebleichten Tüchern, die um den Körper gelegt und mit *fibulae* (Klammern) und Gürteln gehalten wurden. Nur selten wurden Kleider genäht, denn mit den Nadeln aus Knochen, die man damals benutzte, konnte man nicht gut nähen.

## Die Kleidung der Männer

Als Unterkleid trugen Männer nur ein Lendentuch (das auch als Schlafanzug diente). Darüber warf man eine Tunika aus zwei rechteckigen Tüchern, die an den Seiten und Schultern zusammengesteckt und mit einem Gürtel umbunden wurden. An kalten Tagen soll Augustus vier Tuniken übereinander getragen haben.

Lendentuch aus Wolle oder Leinen

Gewöhnliche Männer trugen Tuniken in verschiedenen Farben.

Die Tunika eines Senators hatte vorn einen purpurnen Streifen.

Auf dem Land waren die Männer außerhalb der Wohnungen mit Mänteln und Hosen gekleidet.

## Die Toga

Ursprünglich durften nur Bürger eine *toga* tragen. In der Frühzeit war dies eine große wollene Decke, die über der Tunika um den Leib gelegt wurde. Später wurde sie aufwendig drapiert. Die Toga war schwer, unbequem und schlecht zu reinigen und deshalb nicht besonders beliebt. Die Kaiser legten jedoch großen Wert auf sie. Die Toga der Senatoren zierte ebenfalls ein Purpurstreifen. Zu Bestattungen trug man eine schwarze Toga.

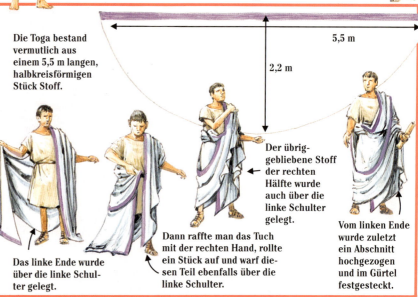

Die Toga bestand vermutlich aus einem 5,5 m langen, halbkreisförmigen Stück Stoff.

5,5 m

2,2 m

Das linke Ende wurde über die linke Schulter gelegt.

Dann raffte man das Tuch mit der rechten Hand, rollte ein Stück auf und warf diesen Teil ebenfalls über die linke Schulter.

Der übriggebliebene Stoff der rechten Hälfte wurde auch über die linke Schulter gelegt.

Vom linken Ende wurde zuletzt ein Abschnitt hochgezogen und im Gürtel festgesteckt.

## Die Kleidung der Frauen

Die Unterwäsche der Frauen bestand aus einem Lendentuch und einem Brustband oder Korsett. Sie trugen eine Tunika aus feiner Wolle oder Leinen und darüber ein bis zu den Knöcheln herabfallendes Kleid, die *stola*. In der Frühzeit waren die Frauen mit einer Toga bekleidet. Später kam jedoch die *palla* in Mode. Das ist ein großes rechteckiges Stück Stoff, das auf unterschiedliche Weise über die *stola* drapiert wurde.

Tunika

Die Tunika bestand aus schlichtem, ungefärbtem Stoff.

Reiche Frauen trugen *stolae* in hellen Farbtönen aus Seide oder feiner indischer Baumwolle.

*stola*

Viele Frauen trugen draußen einen Schal oder Schleier.

*palla*

Manche Frauen wickelten die *palla* um den Kopf.

## Die Kleidung der Kinder

Die meisten Kinder waren mit Tuniken bekleidet. Einige Jungen durften die *toga praetexta* mit dem Purpurstreifen tragen. Nach einer Zeremonie konnten 14 jährige die Kleidung der Erwachsenen anziehen (siehe Seite 48).

Auf dem Mosaik sind Kinder in Tuniken zu sehen.

Manche junge Mädchen trugen eine *stola*.

## Haartracht der Männer

In der Frühzeit der Republik trugen Männer Bärte, doch seit dem 2. Jahrhundert v. Chr. bis zur Zeit Hadrians waren diese in Rom verpönt. Das Haar der meisten Römer war kurz; während der Kaiserzeit hatten Modebewußte aber auch langes, gewelltes und eingeöltes Haar.

Zur Zeit der Republik

In der Spätzeit

Zu Beginn der Kaiserzeit

Beim Friseur traf man Freunde zum Plaudern. Rasieren war eine Prozedur. Zwar waren die Messer scharf, doch nahm der Barbier weder Öl noch Seife, so daß es selten ohne Blutvergießen abging.

## Haartracht der Frauen

Reiche Frauen wandten viel Zeit und Geld für ihre Frisuren auf, die sie sich von Sklavinnen herrichten ließen.

Anfangs trugen die Frauen einen schlichten Knoten.

Manche Frauen ließen sich Perücken aus blondem oder rotem Haar von Sklavinnen herstellen.

In der Kaiserzeit wurde das Haar aufwendig geflochten oder zu Locken gedreht.

## Make-up

Zum Schminken benutzte man verschiedene Mittel, die in Töpfchen und Flakons aufbewahrt wurden.

Hellhäutigkeit war Trumpf. Gesicht und Arme puderten die Römerinnen mit Kreide.

Als Lidschatten dienten Asche oder Antimon.

Für Lippen und Wangen benutzten sie Rotweinrückstände oder *fucus*, einen pflanzlichen Farbstoff.

Die Locken wurden mit Brennzangen gedreht, die Haare mit Nadeln aus Knochen oder Elfenbein zusammengesteckt.

Nadeln

Make-up-Töpfchen

Kamm

## Schuhwerk

In der Frühzeit der Republik liefen die meisten Römer im Haus barfuß; draußen trugen sie Ledersandalen. Später fertigten die Schuster kunstvolles Schuhwerk aus Leinwand oder Leder.

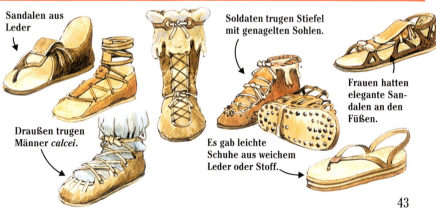

Sandalen aus Leder

Soldaten trugen Stiefel mit genagelten Sohlen.

Frauen hatten elegante Sandalen an den Füßen.

Draußen trugen Männer *calcei*.

Es gab leichte Schuhe aus weichem Leder oder Stoff.

# Die römische Villa

Die Römer benutzten das Wort *villa* für ein Landhaus im Unterschied zu *domus* für das Haus in der Stadt (siehe Seite 34). Für wohlhabende Römer war das Land sowohl eine Einnahmequelle als auch ein Ort zur Erholung. Viele Villen gehörten reichen Städtern, die nur einen Teil des Jahres auf dem Land verbrachten. Sonst wurde das Landgut von einem Verwalter und mehreren Sklaven bewirtschaftet.

Auf den Landgütern war die Landwirtschaft der Haupterwerbszweig, daneben gab es auch Töpfereien und Bergwerke. Nur wenige Villen waren reine Luxuspaläste.

## Eine Villa in Italien

Bei Ausgrabungen fand man hauptsächlich Villen aus der späten Kaiserzeit; Villen aus früherer Zeit waren später meist umgebaut worden. Die Rekonstruktion rechts beruht auf Funden an verschiedenen Orten in Italien. Sie stellt die Villa eines Landgutes dar, das von der Landwirtschaft und der Produktion von Olivenöl und Wein lebte.

### Kunst am Bau
Villen waren im Innern meist verschwenderisch mit Mosaiken ausgestattet. Dieses Mosaik stammt aus einer Villa in der Nähe von Pompeii.

*triclinium* (Speiseraum)

Der Teil, in dem die Besitzer aus der Stadt wohnten, hieß *villa urbana* und war besonders luxuriös.

### Malereien
Bunte Malereien bedeckten häufig die Wände; beliebt waren ländliche Motive.

## Eine Villa in der Provinz

Nördlich von Italien lebten meist Bauern in einfachen Hütten. Die Eroberung durch die Römer eröffnete ihnen neue Möglichkeiten. Manche wurden reiche Grundbesitzer, eigneten sich die römische Lebensart an und bauten ihre Höfe nach römischem Vorbild. Unten wird ein Beispiel für diese Entwicklung gezeigt. Ausgrabungen in Lockleys bei St. Albans in England geben darüber Auskunft.

**Ein Flügel verfügte über zwei Stockwerke.**

▲ Vor der Eroberung um 50 n. Chr. war das Haus rund und mit Stroh gedeckt.

▲ Um 60 n. Chr. wurde es rechteckig wieder aufgebaut.

▲ Zehn Jahre später wurde es umgebaut und vergrößert (fünf Zimmer und eine Veranda).

Ende des 2. Jh. wurde die Villa erweitert, die Veranda durch einen Korridor ersetzt und links und rechts angebaut. Später verlängerte man in einigen Villen diese beiden Flügel und verband sie mit einer Mauer. So entstand ein Innenhof.

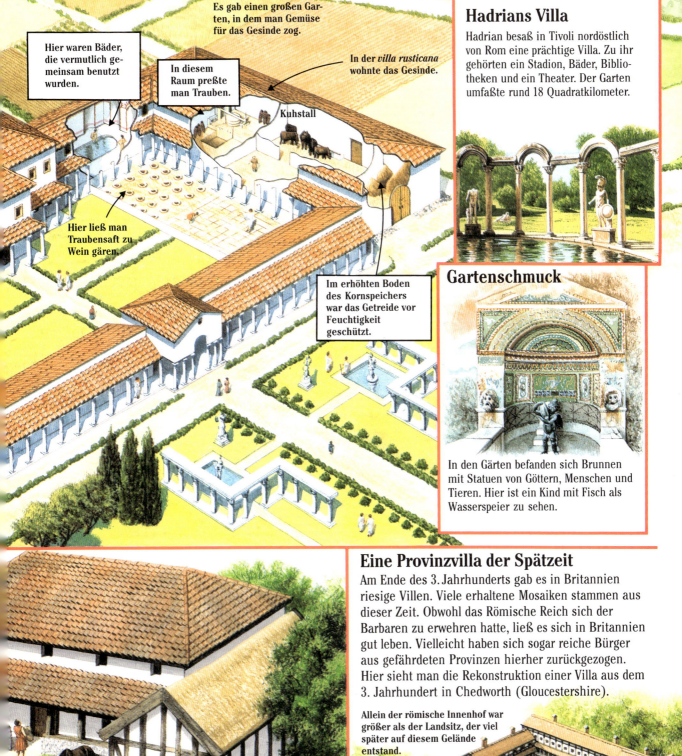

Hier waren Bäder, die vermutlich gemeinsam benutzt wurden.

Es gab einen großen Garten, in dem man Gemüse für das Gesinde zog.

In diesem Raum preßte man Trauben.

In der *villa rusticana* wohnte das Gesinde.

Kuhstall

Hier ließ man Traubensaft zu Wein gären.

Im erhöhten Boden des Kornspeichers war das Getreide vor Feuchtigkeit geschützt.

## Hadrians Villa

Hadrian besaß in Tivoli nordöstlich von Rom eine prächtige Villa. Zu ihr gehörten ein Stadion, Bäder, Bibliotheken und ein Theater. Der Garten umfaßte rund 18 Quadratkilometer.

## Gartenschmuck

In den Gärten befanden sich Brunnen mit Statuen von Göttern, Menschen und Tieren. Hier ist ein Kind mit Fisch als Wasserspeier zu sehen.

## Eine Provinzvilla der Spätzeit

Am Ende des 3. Jahrhunderts gab es in Britannien riesige Villen. Viele erhaltene Mosaiken stammen aus dieser Zeit. Obwohl das Römische Reich sich der Barbaren zu erwehren hatte, ließ es sich in Britannien gut leben. Vielleicht haben sich sogar reiche Bürger aus gefährdeten Provinzen hierher zurückgezogen. Hier sieht man die Rekonstruktion einer Villa aus dem 3. Jahrhundert in Chedworth (Gloucestershire).

Allein der römische Innenhof war größer als der Landsitz, der viel später auf diesem Gelände entstand.

Die Fundamente bestanden aus Kalk und Feuerstein.

Die unteren Mauerteile bestanden aus Feuerstein mit Mörtel.

45

# Landwirtschaft

Die Landwirtschaft bildete die wirtschaftliche Grundlage des Reiches. Obwohl sich die Anbaumethoden im Laufe der Jahrhunderte nicht grundlegend veränderten, wurden immer größere Erträge erzielt. Die Römer führten überall ihre Methoden, Geräte sowie neue Korn-, Frucht- und Gemüsesorten ein.

In der Frühzeit der Republik bearbeitete eine Familie mit ein bis zwei Sklaven einen kleinen Hof. Diese Bauern bauten für ihren Lebensunterhalt an. Überschüsse verkauften sie.

Während der Punischen Kriege mußten viele Bauern ihr Land verlassen. Die Felder verkamen; manche wurden durch Schlachten und von marschierenden Soldaten verwüstet.

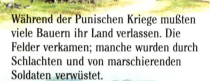

Nach den Kriegen vermochten viele kleine Bauern die Schäden nicht zu beheben. Reiche Großgrundbesitzer kauften das Land und verwandelten es in große, von Sklaven bewirtschaftete Landgüter (Latifundien).

## Ein Landgut in der Kaiserzeit

Viele Latifundien produzierten Korn, Vieh, Öl und Wein; andere konzentrierten sich auf ein oder zwei Produkte. Das hier abgebildete Gut ist eine Rekonstruktion aufgrund von Bildern, Reliefs und Mosaiken.

Auf den Gütern wurden bis zu 200 Hühner als Eier- und Fleischlieferanten gehalten; ebenso Enten und Gänse. Deren Federn nutzte man auch.

Vor der Aussaat wurde der Boden gepflügt. Gesät wurde im Herbst und manchmal im Frühjahr.

Traubenpresse

Taubenschlag mit Tauben, die man im Winter verspeiste.

Da nur mit Honig gesüßt wurde, hielten die Römer Bienen.

Salat   Möhren
Rettich   Bohnen

Die Latifundien versorgten in der Regel die Bewohner der umliegenden Orte mit Nahrungsmitteln. Man produzierte Gemüse für den Markt. Die Analyse römischer Müllkippen ergab, daß die Römer viele Frucht- und Gemüsesorten gekannt haben.

Das wichtigste Arbeitstier war der Ochse, der Pflüge und Karren zog. Auf diesem Relief wird eine Dreschmaschine angeschoben.

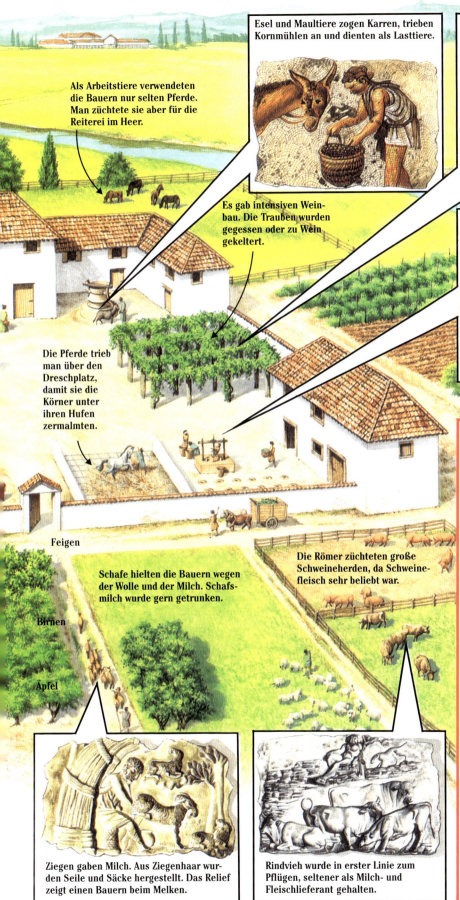

Als Arbeitstiere verwendeten die Bauern nur selten Pferde. Man züchtete sie aber für die Reiterei im Heer.

Esel und Maultiere zogen Karren, trieben Kornmühlen an und dienten als Lasttiere.

Die reifen Weintrauben wurden geerntet, in Steintröge gekippt und mit den Füßen zerstampft. Den in Gefäße abgefüllten Saft ließ man zu Wein gären.

Es gab intensiven Weinbau. Die Trauben wurden gegessen oder zu Wein gekeltert.

In ganz Italien wuchsen Olivenbäume. Olivenöl wurde zum Kochen, für die Körperpflege und als Lampenöl verwendet. Hier ist eine Olivenpresse abgebildet.

Die Pferde trieb man über den Dreschplatz, damit sie die Körner unter ihren Hufen zermalmten.

Feigen

Birnen

Äpfel

Schafe hielten die Bauern wegen der Wolle und der Milch. Schafsmilch wurde gern getrunken.

Die Römer züchteten große Schweineherden, da Schweinefleisch sehr beliebt war.

Ziegen gaben Milch. Aus Ziegenhaar wurden Seile und Säcke hergestellt. Das Relief zeigt einen Bauern beim Melken.

Rindvieh wurde in erster Linie zum Pflügen, seltener als Milch- und Fleischlieferant gehalten.

## Ländliche Idylle

Selbst verwöhnte Städter der Kaiserzeit schwärmten vom Landleben. Deswegen zog es die Reichen immer wieder in die Villen aufs Land. Römische Künstler ließen sich dort zum Malen folgendender Szene anregen: Eine ländliche Göttin hütet Schafe.

Es wurde auch viel über Ackerbau geschrieben. In »De agri cultura« (um 160 v. Chr.) gibt Cato Anleitungen für die Bewirtschaftung eines Gutes. Vergil preist in seiner Dichtung »Georgica« das ländliche Leben. Tatsächlich lebten die Bauern jedoch oft in Armut, Hunger und Krankheit.

# Heirat und Geburt

Junge Römer durften sich die Ehepartner nicht selbst aussuchen. Die Eltern wählten die Gatten ihrer Kinder und stifteten Ehen oft aus politischen, geschäftlichen oder gesellschaftlichen Gründen. Mädchen konnten zwar schon mit zwölf heiraten, vermählten sich aber meist erst mit vierzehn. Es gab verschiedene Eheverträge. In republikanischer Zeit erhielt der Vater des Ehemanns Geld und Eigentum der Braut. Später verfügten die Frauen selbst über ihr Eigentum und hatten mehr Freiheit.

Der Hochzeitstag mußte sorgfältig gewählt werden, da viele Tage des römischen Kalenders als unglücksverheißend galten. Die zweite Hälfte des Juni galt als eine besonders günstige Zeit.

Zur Verlobung feierten die Römer ein Fest und setzten den Ehevertrag auf. Der Braut wurde ein Ring an den Mittelfinger der linken Hand gesteckt. In der Nacht vor der Hochzeit opferte sie ihr Kinderspielzeug am Hausaltar den Göttern.

Zum Fest wurde das Haus der Braut mit Blumen geschmückt. Sie trug eine weiße Tunika, einen geflochtenen Blumenkranz, einen roten Schleier und rote Schuhe.

Nach Ankunft der Gäste und des Bräutigams befragte der Priester die Götter, ob der Tag günstig sei. Dann wurde die Feier fortgesetzt.

Nachdem der Ehevertrag unterschrieben war, führte die Brautjungfer die Braut dem Bräutigam zu und legte ihre Hände ineinander. Nach einem Gebet versprach die Braut, ihrem Mann überallhin zu folgen.

Nach der Zeremonie fand im Haus des Brautvaters ein Fest statt. Die Gäste, Flötenspieler und Fackelträger begleiteten das Paar zum Haus des Bräutigams. Dort trug der Bräutigam die Braut über die Türschwelle.

## Geburt

Eine Geburt war damals mit großen Gefahren verbunden. Grabsteine bekunden, daß viele Frauen bei der Geburt eines Kindes starben. Auch die Kindersterblichkeit war hoch.

Die Frauen heirateten so früh, weil man das Geburtsrisiko dann für geringer hielt. Wohlhabende Frauen benutzten nach der Geburt eines Erben oft Schwämme als Verhütungsmittel.

## Erwachsen werden

Das Neugeborene wurde gebadet und dem Vater zu Füßen gelegt. Hob dieser das Kind auf, war es in die Familie aufgenommen.

Am neunten Tag nach der Geburt erhielt das Kind feierlich einen Namen sowie eine *bulla* zur Abwehr böser Geister.

Die Erziehung eines Jungen galt mit vierzehn Jahren als abgeschlossen. Er wurde feierlich in den Kreis der Erwachsenen aufgenommen. Familie und Freunde geleiteten ihn zum Forum, wo er Kinderkleidung und *bulla* ablegte. Er erhielt die Toga des Erwachsenen, wurde zum ersten Mal rasiert und als Bürger eingeschrieben. Dann feierten sie ein Fest.

# Totenfeier und Bestattung

Die Römer glaubten an ein Weiterleben nach dem Tod und richteten die Totenfeiern danach aus. Es herrschte der Glaube, der Geist der Toten werde über den mythischen Fluß Styx in die Unterwelt, den Hades, gerudert; er komme nach dem Gericht entweder in den Himmel (Elysium) oder in die Hölle (Tartarus). Die Totenfeier sollte die Toten auf diese Reise vorbereiten. Sie bekamen eine Münze unter die Zunge als Fährgeld. Nach dem Tod einer bedeutenden Persönlichkeit ereignete sich etwa folgendes:

**Der Leichnam wurde im Atrium aufgebahrt und mit Kerzen und Lampen umstellt.**

**Der Leichnam eines Adeligen wurde gewaschen und mit Öl einbalsamiert.**

**Persönlichkeiten des öffentlichen Lebens hüllten die Römer in ihre Amtstracht, gewöhnliche Bürger in eine Toga.**

**Der Leichnam wurde mit Blumen und Kränzen zugedeckt.**

**Ruhmreiche Bürger wurden mehrere Tage aufgebahrt, ein Kaiser eine Woche lang. Die Menschen erwiesen dem Tote die letzte Ehre.**

Am Tag der Totenfeier trugen acht Männer den Leichnam auf einer Bahre in einer Prozession zum Forum.

**Dem Leichnam folgten *praeficae* (Klageweiber) und Fackelträger.**

**Musikanten**

**Der Leichenzug hielt zum Vortragen eines Nachrufs auf dem Forum.**

**Zur Zeit der Republik fuhren die Angehörigen an der Spitze des Zuges mit Totenmasken und in Trauergewändern. Diesen Brauch gab man in der Kaiserzeit auf.**

Das Grab, zu dem er gebracht wurde, mußte außerhalb der Stadt liegen. Die Hauptstraßen waren von prachtvollen Grabstätten gesäumt. Die Römer legten den Leichnam in einen Stein- oder Marmorsarg, den *sarcophagus*.

**Die Sarkophage waren oft sehr schön mit Alltags-, Jagd- und Kampfszenen verziert.**

Die Grabstätten kennzeichnete man durch einen Stein, ein Denkmal oder einen Erdhügel. In einzelnen Fällen wurden Säulen oder gar Türme darauf errichtet. Einer von ihnen ist der 23 m hohe Turm in Igel bei Trier.

Zuweilen wurde der Leichnam auch eingeäschert. Man hob dazu eine Grube aus, füllte sie mit Holz und verbrannte den Leichnam. War das Feuer niedergebrannt, wurde die Asche mit Erde bedeckt. Der Leichnam konnte aber auch feierlich auf einem Scheiterhaufen verbrannt werden. Dann warfen die Verwandten Kleider und Lebensmittel in die Flammen, da der Tote diese noch benötigen könnte.

**Die Glut des Feuers wurde mit Wein gelöscht, die Asche in einer Urne aufbewahrt. Urnen stellten die Römer in der Regel im *columbarium auf*, einer unterirdischen Grabstätte.**

# Erziehung

Die Erziehung römischer Kinder war vom Reichtum der Familie abhängig. Kinder von armen Leuten lernten oft weder Lesen noch Schreiben, da sie arbeiten mußten. Die Kinder der Reichen traten mit sechs Jahren in den *ludus* (Grundschule) ein, den sie mit elf beendeten. Die weitere Ausbildung fand zu Hause statt. Die Mädchen bereiteten sich auf die Ehe vor; sie konnten schon mit 12 Jahren heiraten.

## Ein Schultag

Meist waren Schulen in einem Raum im Erdgeschoß eines Hauses oder hinter einem Laden untergebracht. In einer Klasse lernten zwölf Kinder. Den Schulalltag kennen wir aus Teilen von Schularbeiten und Aufzeichnungen römischer Schriftsteller.

Die Lehrer waren häufig griechische Sklaven. Die Römer schätzten Wissen und Bildung der Griechen.

Anfänger lernten das Alphabet und übten Lesen und Schreiben.

Reiche Familien hielten sich einen Sklaven, den sogenannten *paedagogus*, der die Kinder in die Schule brachte und dort beaufsichtigte.

Die älteren Schüler mußten die Werke berühmter Autoren lernen und vortragen.

Andere schrieben auf wachsüberzogene Holztafeln.

Manche ritzten die Worte in Tonscherben ein.

## Höhere Bildung

Mit elf Jahren konnten die Jungen zum *grammaticus* gehen, der sie in Geschichte, Philosophie, Geographie, Geometrie, Musik und Astronomie unterwies. Die griechische Sprache spielte dabei eine große Rolle, weil die griechische Kultur das römische Leben stark beeinflußte. Die Werke der griechischen und römischen Literatur wurden eingehend studiert. Die Schüler sollten den Stil bekannter Autoren nachahmen können. Ein gebildeter Römer mußte Griechisch können, da die wichtigsten Bücher von griechischen Autoren stammten.

## Rhetorik

Der *grammaticus* bereitete die Schüler auf die Arbeit mit einem *rhetor* (Redner) vor. Jeder Politiker oder Jurist mußte Reden halten können. Dafür wurde man ab dem 13. oder 14. Lebensjahr manchmal jahrelang geschult. Cicero setzte diese Studien fort, bis er fast 30 war. Sehr reiche Eltern schickten ihre Söhne zu den besten griechischen Lehrern nach Athen oder Rhodos. Da nur die Reichsten ihren Kindern eine solche Ausbildung zukommen lassen konnten, wurde nur selten ein Armer Politiker oder Jurist.

Der *rhetor* lehrte die Schüler, Reden aufzusetzen und überzeugend vorzutragen.

*rhetor*

# Schreiben

In der Schule schrieben die Schüler mit einem spitzen Metallgriffel, dem *stylus*, auf Wachstafeln. War die Tafel voll, wurde das Wachs abgekratzt und neues aufgestrichen. Manche Kinder ritzten ihre Übungen in Tonscherben ein. Die älteren Schüler benutzten Rohr- oder Metallfedern. Sie schrieben mit einer Tinte aus Ruß und Gummi auf Papyrus.

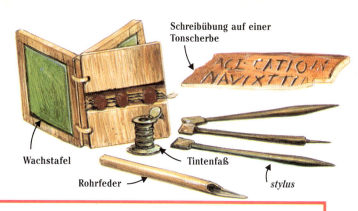

Schreibübung auf einer Tonscherbe

Wachstafel — Tintenfaß — Rohrfeder — *stylus*

# Papyrus

Die Römer kannten Papier aus Holzbrei noch nicht. Statt dessen benutzten sie ein Material aus ägyptischem Schilf, dem Papyrus. Außerdem gebrauchte man Pergament aus Tierhäuten. Da es recht schwer war, galt es als minderwertig. Nachfolgend wird die Herstellung von Papyrus dargestellt.

Zur Herstellung von Papyrus wurde die Rinde des Schilfs entfernt und das Stengelmark in lange, schmale Streifen geschnitten und eingeweicht.

Ein Blatt bestand aus zwei Schichten von kreuzweise aufeinanderliegenden Streifen. Die Stärke im Stengelmark wirkte wie Klebstoff.

Das Blatt wurde mit einem Holzschlägel bearbeitet, getrocknet und mit einem Stein poliert.

Die Blätter wurden aneinandergeklebt, getrocknet und dann zusammengerollt.

Manchmal wurden an beide Seiten der Schriftrollen Drehknöpfe aus Holz oder Elfenbein gesteckt.

Bei guten Schriftrollen waren die Anschlußstellen zwischen den Blättern kaum zu erkennen.

# Bücher

Die Römer schätzten Bücher sehr. In Rom und Alexandria gab es zahlreiche Verlage und Buchläden. Viele Leute sammelten Bücher. Der Staat und auch reiche Bürger stellten ihre Bibliotheken der Öffentlichkeit zur Verfügung.

In der späten Kaiserzeit gab es 29 Bibliotheken in Rom. Jedes Buch mußte von Hand geschrieben werden. Als Schreiber betätigten sich meist griechische Sklaven. So entstand ein Buch:

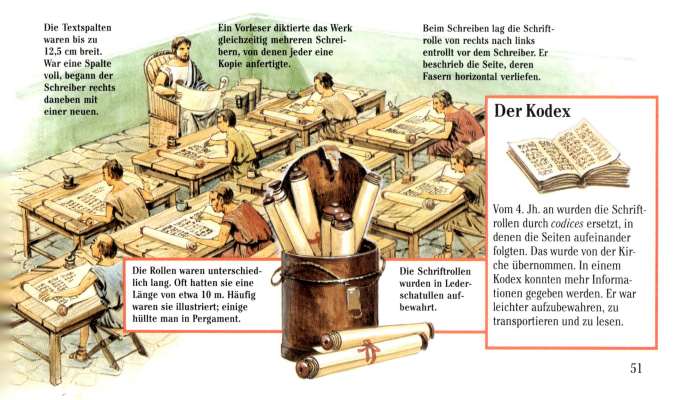

Die Textspalten waren bis zu 12,5 cm breit. War eine Spalte voll, begann der Schreiber rechts daneben mit einer neuen.

Ein Vorleser diktierte das Werk gleichzeitig mehreren Schreibern, von denen jeder eine Kopie anfertigte.

Beim Schreiben lag die Schriftrolle von rechts nach links entrollt vor dem Schreiber. Er beschrieb die Seite, deren Fasern horizontal verliefen.

Die Rollen waren unterschiedlich lang. Oft hatten sie eine Länge von etwa 10 m. Häufig waren sie illustriert; einige hüllte man in Pergament.

Die Schriftrollen wurden in Lederschatullen aufbewahrt.

## Der Kodex

Vom 4. Jh. an wurden die Schriftrollen durch *codices* ersetzt, in denen die Seiten aufeinander folgten. Das wurde von der Kirche übernommen. In einem Kodex konnten mehr Informationen gegeben werden. Er war leichter aufzubewahren, zu transportieren und zu lesen.

# Arbeit und Beruf

Die römische Oberschicht schätzte körperliche Arbeit nicht. Für sie kam nur eine Karriere im Heer, in der Politik oder im Finanzwesen in Frage. Der anspruchsvolle Beruf eines Architekten (Seite 70-73) oder Arztes (Seite 68-69) blieb Gebildeten aus der Mittelschicht, Fremden oder Freigelassenen vorbehalten. Die ärmeren Bürger waren Handwerker oder Händler, in ländlichen Gegenden bestellten sie eigene oder fremde Höfe (Seiten 46-47). Schwere Arbeit auf dem Bau oder in Bergwerken erledigten fast ausschließlich Sklaven. Die meisten Handwerker arbeiteten in kleinen Werkstätten, die sich im hinteren Teil eines Ladens befanden, mit ein paar Lehrlingen und ein oder zwei Sklaven. Im vorderen Teil wurden die Waren verkauft. Andere Geschäftsleute boten ihre Ware auf Großmärkten an. Hier eine typische römische Ladenstraße:

Fleisch von eigens gezüchtetem Vieh wurde auf dem *forum boarium*, einem Großmarkt, an Metzger verkauft. Sie verkauften es dann weiter und boten zum Teil auch Geflügel an.

Tischler stellten Möbel her oder arbeiteten im Baugewerbe. Viele ihrer Werkzeuge sind auch heute noch in Gebrauch.

Töpfer stellten irdenes Geschirr aller Art her. Der Ton wurde in Brennöfen über Holzfeuern gebrannt.

Die Bäcker mahlten das Getreide und backten im hinteren Teil des Ladens Brot, das sie dann vorn am Ladentisch verkauften.

Schmiede stellten Werkzeuge, Waffen und Haushaltsgeräte aus Bronze, Eisen und Kupfer her. Juweliere fertigten aus Gold, Silber und Edelsteinen (Seite 41) Schmuckstücke aller Art.

## Frauenarbeit

Das Leben der römischen Frauen hing von ihrem Wohlstand ab. Arbeit außerhalb des Hauses galt für Frauen der Reichen als unfein. Sie überwachten die Arbeit der Sklaven, standen dem Haushalt vor und zogen mit Hilfe von Sklaven ihre Kinder auf. Manche Frauen waren mächtig und gebildet, wirkten aber im Hintergrund. Einige sind aber auch als Ärztinnen oder Lehrerinnen tätig gewesen.

In gewöhnlichen Familien spannen und webten die Frauen. Aus der Wolle stellten sie Kleider her. Diese Tätigkeit erlernten alle Frauen, doch die Reichen kauften lieber fertige Kleider.

Arme Frauen arbeiteten auf den Märkten, als Näherinnen oder in den Bädern. Auf diesem Relief ist eine Frau in einem Laden zu sehen.

Auf dem Land arbeiteten Frauen auf Höfen und als Hirtinnen. Eine Bäuerin bewirtschaftete mit ihrem Mann den Hof.

# Sklaven und Sklaverei

Sklaven waren rechtlose Arbeitskräfte, die einem römischen Bürger oder dem Staat gehörten. Sie wurden wie jedes andere Eigentum ge- oder verkauft. Die Eigentümer verfügten über ihr Leben. Wie viele Völker hielten die Römer dies für ganz natürlich. In der Frühzeit der Republik gab es kaum Sklaven. Als Rom im 3. Jahrhundert v. Chr. begann, andere Länder zu erobern, stieg ihre Zahl stetig an. Die Kriegsgefangenen wurden auf Märkten angeboten. Sie trugen Schilder um den Hals, auf denen die Händler ihre Qualitäten anpriesen.

Auf Auktionen wurden Sklaven an den Meistbietenden versteigert.

## Das Leben eines Sklaven

In der Kaiserzeit gab es ein Heer von Sklaven, die unter sehr unterschiedlichen Bedingungen lebten. Sklavenhalter durften nach dem Gesetz mit ihren Sklaven machen, was sie wollten. Viele Sklaven hatten unter erbarmungslosen Herren zu leiden, andere dagegen lebten nicht schlecht.

Da man die griechischen Sklaven für besonders klug hielt, waren sie besonders teuer. Sie dienten in wohlhabenden römischen Häusern als Ärzte, Erzieher, Musiker, Goldschmiede, Künstler und Bibliothekare. Andere Sklaven arbeiteten als Dienstleute und in der Küche, wieder andere halfen ihrer Herrschaft in Läden und Fabriken.

Die Sklaven wohlwollender Besitzer auf dem Land lebten oft besser als arme Bürger in der Stadt. Sie arbeiteten in angenehmer Umgebung, konnten heiraten und Kinder haben, manchmal sogar einen eigenen Hof bewirtschaften.

Der Staat hielt viele Sklaven, die Gebäude, Brücken und Aquädukte warteten. Andere waren in der Verwaltung des Reiches tätig. Einige wurden sehr mächtig und unentbehrlich.

In den Bergwerken waren die Bedingungen für die Sklaven besonders schlecht. Sie wurden brutal behandelt und mußten unentwegt in oft sehr gefährlichen Schächten arbeiten. Viele kamen bei Unfällen ums Leben oder wurden erschlagen.

Unter den unzufriedenen Sklaven kam es wiederholt zu Aufständen. 73 v. Chr. sammelte Spartakus ein Heer von Sklaven um sich. Als es 75 v. Chr. von römischen Truppen geschlagen wurde, war es auf 90 000 Mann angewachsen.

Manche Sklaven erhielten Lohn und konnten sich von ihrer Herrschaft freikaufen. Einige wurden sogar zur Belohnung für treue Dienste freigelassen. In der Kaiserzeit bildeten die Freigelassenen eine große, wohl-

Bei der Freilassungsfeier trug der Sklave eine besondere Kopfbedeckung und erhielt die *toga praetexta*.

habende Schicht. Viele von ihnen waren als Geschäftsleute tätig, die eine bedeutende Rolle in der Wirtschaft spielten. Manche bekleideten wichtige Ämter in der Verwaltung (siehe Seite 27).

# Geld und Handel

In der Kaiserzeit änderte sich das Wirtschaftssystem. In der Frühzeit der Republik war Geld unbekannt: Die Menschen tauschten einfach Güter, betrieben also Tauschhandel. Später tätigten die Römer Geschäfte mit Bronzeplättchen, die ein römisches Pfund (327 g) wogen.

Mit dem Landbesitz der Römer wuchs ihr Reichtum. Die Wirtschaft wurde komplizierter. Die Römer prägten Münzen und organisierten Handel und Steuerwesen neu. In der Kaiserzeit waren Geld und Handel im ganzen römischen Weltreich aufeinander abgestimmt.

## Münzen der Republik

Als erste haben die Griechen Münzen in größerem Umfang benutzt. Nach ihrem Vorbild eröffneten die Römer 290 v. Chr. ihre erste Münzstätte. Bald wurden in mehreren Münzstätten verschiedene Münzen geprägt, die Namen und Aussehen mehrfach änderten. Steigende Preise machten wertvollere Münzen erforderlich.

Die erste römische Münze, ein *as*, war aus Bronze. Auf einer Seite waren die Köpfe von Gottheiten abgebildet, auf der anderen Schiffe. ▶

Um 269 v. Chr. wurde die erste Silbermünze, die *didrachma* (Doppeldrachme), eingeführt. Diese zeigte den Kriegsgott Mars. ▶

◀ Später gab es eine *denarius* genannte Silbermünze. Auf dieser ist ein Mann bei der Wahl zu sehen. Zuerst entsprachen zehn, später sechzehn *asses* einem Denar.

Der silberne *sestertius* war zuerst 2,5 und später 4 *asses* wert. ▶

Roms erste Goldmünze, der *aureus*, wurde während des 2. Punischen Krieges in Umlauf gebracht. ▶

◀ Bedeutende Ereignisse wurden auf Münzen verewigt. Diese aus dem Jahr 42 v. Chr. zeigt auf einer Seite Brutus, auf der andern eine Kappe und zwei Dolche. EID MAR heißt »Iden des März«: der Tag, an dem Caesar ermordet wurde.

## Münzen der frühen Kaiserzeit

Als Princeps übernahm Augustus die Kontrolle über alle Gold- und Silbermünzen. Die Münzstätten in den Provinzen durften weniger wertvolle Bronze- und Kupfermünzen prägen. Augustus vereinheitlichte die Währung und legte den Wert aller Münzen fest. Da die Münzen im ganzen Reich im Umlauf waren, nahm der Handel zu.

Nur Münzen mit dem Kopf des Augustus waren echt. Die größte Goldmünze, die immer noch *aureus* hieß, bestand aus etwa 8 g Gold. ▶

Die gängigste Silbermünze, der *denarius*, wog etwa 4 g. Ein *aureus* war etwa 25 Denare wert. ▶

◀ In der Kaiserzeit wurde der *sestertius* in Silber statt in Bronze geprägt; der *denarius* entsprach vier *sestertii*.

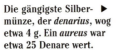

◀ Ein *dupondius* war einen halben *sestertius* wert.

Das *as* bestand aus Kupfer; vier *asses* ergaben einen *sestertius*. ▶

◀ Zwei *semes* aus Bronze ergaben ein *as*.

Ein *as* war vier solche *quadrantes* aus Kupfer wert. ▶

## Münzen der späten Kaiserzeit

Die Preise stiegen ständig, und man bekam für seine Münzen immer weniger. Deswegen mußten neue von höherem Wert geprägt werden. Da der Preis der Edelmetalle auch stieg, wurde das Gewicht der Münzen vermindert, oder man überzog Kupfermünzen dünn mit Edelmetall.

Konstantin führte eine Münze ein, die *solidus* genannt wurde. Er sollte die Maßeinheit werden. Diese Münze ließ sich nur schwer fälschen und jeder kannte ihren Wert. Ein *solidus* bestand aus 5 g Gold.

Am Ende der Kaiserzeit mißtrauten die Menschen dem Geld: Die Preise schnellten in die Höhe, die Münzen enthielten kaum noch Edelmetall und wurden häufig gefälscht. Viele Römer besannen sich wieder auf den Tauschhandel.

## Das Bankwesen

Seit den Punischen Kriegen verfügten die Römer über ein riesiges Handelsnetz. Da Händler und Unternehmen für ihre Geschäfte Geld benötigten, wurden Banken und Kreditanstalten zu wichtigen Stützen der Wirtschaft. Geldgeschäfte wurden in erster Linie von *equites* und Freigelassenen getätigt; Patrizier hielten diese für unter ihrer Würde. So wurden viele Angehörige der Mittelklasse sehr reich.

Dieses Relief zeigt einen Bankier an seinem Tisch. Überall im Reich gab es Geldwechsler und Bankiers, die entweder auf eigene Rechnung oder im Auftrag des Staates tätig waren.

Viele Menschen konnten ihre Schulden nicht zurückzahlen. Dann wurde ihr Eigentum eingezogen, oder man verkaufte sie selber als Sklaven.

## Steuern

Zur Deckung der Verwaltungskosten erhob die Regierung Steuern. Ihre Höhe wechselte von Zeit zu Zeit und von Region zu Region. Es gab folgende Arten der Besteuerung:

Provinzbewohner und später auch die römischen Bürger zahlten für ihr Eigentum, ihre Häuser, Höfe, Sklaven und Tiere Steuern. Steuerinspektoren schätzten die Höhe der Steuern bei jedem einzelnen ein.

Manche Finanzgeschäfte waren steuerpflichtig, so Kauf oder Verkauf von Eigentum oder Sklaven, desgleichen Geldbeträge aus Erbschaften. Auf diesem Steinrelief wird einem Steuereintreiber Geld übergeben.

Die Verpflegung der Soldaten war nicht zentral geregelt. Die Bauern mußten deshalb für die auf ihrem Land stationierten Truppen Korn und andere Güter bereitstellen.

## Handel

Zur Kaiserzeit war Rom das Zentrum eines riesigen Handelsnetzes. Aus dem ganzen Reich flossen zahllose Güter in die Hauptstadt. Diese Karte zeigt, was in den verschiedenen Teilen des Reiches produziert wurde.

# Unterhaltung

Viele römische Bürger verfügten über reichlich freie Zeit, da Sklaven ihre Arbeit erledigten. Unser Wissen über ihre Freizeitbeschäftigungen stammt aus archäologischen Funden, von Mosaiken und Bildern sowie von den römischen Schriftstellern. Auf den folgenden Seiten sind einige beliebte Vergnügungen beschrieben.

## Zeitvertreib

In öffentlichen Gärten und Parks traf man sich zum gemütlichen Plaudern. Die Römer trieben auch etliche Sportarten wie Laufen, Speerwerfen und Ringen, für die ihnen Plätze wie das Marsfeld zur Verfügung standen. An anderen Orten wurden gemächlichere Spiele betrieben wie die unten beschriebenen.

Man zeichnete Schachbrettmuster auf und spielte darauf eine Art Dame-Spiel.

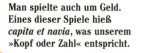

Man spielte auch um Geld. Eines dieser Spiele hieß *capita et navia*, was unserem »Kopf oder Zahl« entspricht.

Knobeln hieß *tali* und wurde mit Würfeln aus Knochen oder Ton gespielt.

Die Reichen beliebten zu jagen und zu fischen. Dabei trugen sie Kleider wie hier auf dem Mosaik.

Aus den Schriften des Horaz wissen wir, daß Kinder Puppenstuben hatten, mit Peitsche und Kreisel, Drachen und Reifen spielten, schaukelten und wippten. Auf Reliefs, Bildern und Mosaiken sind solche Kinderspiele zu sehen. Häufig versuchten die Kinder, die Erwachsenen nachzuahmen.

Solche Puppen wurden aus Ton geformt und bemalt.

Puppen aus Holz und Ton mit beweglichen Gliedern waren sehr beliebt.

Manchmal hatten Kinder Karren, die von Gänsen gezogen wurden.

## Das Theater

Das Theater wurde in Rom immer beliebter, nachdem die Römer im 3. Jahrhundert v. Chr. Kontakt zu den Griechen aufgenommen hatten. Zuerst wurden die Stücke in einfachen aus Holz gebauten Theatern aufgeführt. 55 v. Chr. errichtete Pompeius das erste Theater aus Stein in Rom; es bot 27 000 Menschen Platz. Später entstanden überall im Reich solche Theater. Aus den Ruinen läßt sich ihr Aussehen rekonstruieren.

Jede soziale Klasse hatte im Theater ihre festen Plätze; die Armen saßen hinten (oben), die Reichen vorn (unten).

Anfangs stand man während einer Aufführung, später saß man auf Steinbänken.

Mitgebrachte Kissen machten das Sitzen bequemer.

Ein ausgeklügeltes System von Treppen und Fluren ermöglichte den Zuschauern das rasche Verlassen des Theaters.

Zum Schutz gegen die Sonne wurde der Zuschauerraum von einem Zeltdach überspannt, das an Stangen hinter dem obersten Rang befestigt war.

Die Schauspieler trugen auf der Bühne Masken. In den römischen Dramen kamen immer wieder dieselben Charaktere vor. Sie waren aus der Entfernung an der Maske erkennbar.

Manchmal ließ man hinter den Schauspielern ein Bühnenbild herab.

Die Kulissen waren aufwendig; sie wurden mittels einer komplizierten Maschinerie bewegt.

Bühnenumbauten fanden hinter geschlossenem Vorhang statt, der aus einem Schlitz im Bühnenboden hochgezogen wurde.

Die Schauspieler traten auf dem *pulpitum* (Bühne) auf.

Anfangs durften nur Männer auftreten, später auch Frauen.

Die besten Plätze vor der Bühne waren für die Senatoren reserviert.

Das Publikum jubelte und klatschte oder pfiff die Darsteller aus; es kam sogar zu Tumulten. Besonders beliebte Schauspieler wurden von ihren Anhängern bestürmt.

## Dramen und Dichter

240 v. Chr. wurde in Rom erstmals ein Drama aufgeführt. Es handelte sich um ein griechisches Werk, das der ehemalige Sklave Livius Andronicus ins Lateinische übersetzt hatte. Anfangs waren Tragödien beliebt, später verlangte das Publikum nach Komödien. Die berühmtesten römischen Komödiendichter sind Plautus und Terenz. Dieses Wandgemälde zeigt eine Szene aus einer Komödie von Plautus. Um mit der Beliebtheit der Rennen und öffentlichen Spiele (siehe Seite 60-61) mithalten zu können, wurden Theatervorstellungen immer aufwendiger, so daß viele 0Zuschauer nur noch des äußeren Rahmens wegen hingingen.

# Rennen und Spiele

Öffentliche Vergnügungen hießen in Rom *ludi* (Spiele). Sie fanden oft an religiösen Festtagen (siehe Seite 66-67) statt und wurden staatlich finanziert. Es gab *ludi scaenici* (Theater, siehe Seite 56), *ludi circenses* (Wagenrennen) sowie *munera* (Gladiatoren- und Tierkämpfe). Anfangs fanden all diese Spiele an einem einzigen Tag statt. Zur Kaiserzeit dauerten sie mehrere Tage, und es gab es für jede Art Spiele eigene Anlagen.

## Wagenrennen

Zu den Wagenrennen gingen die Zuschauer am liebsten. Die Rennbahn hieß Circus oder Hippodrom. An einem Tag fanden bis zu 24 Rennen statt. An einem Rennen nahmen vier Mannschaften mit bis zu zwölf Wagen teil.

Die Rennen wurden von einer hochstehenden Persönlichkeit – manchmal sogar dem Kaiser – geleitet, die als Startzeichen ein weißes Tuch von ihrer Loge fallen ließ.

Die Rennbahn war in der Mitte von der gemauerten *spina* durchzogen, an deren Enden je drei Säulen aufragten.

Ein Rennen ging über sieben Runden. Nach jeder Runde wurde ein Gegenstand in Form eines Eis oder Delphins von einer Stange an der *spina* entfernt.

Die vier Mannschaften erkannte man an ihren Farben (rot, grün, blau und weiß).

Die Wagenlenker drängten zur *spina*, um bei der Wende, dem gefährlichsten Moment des Rennens, die Ideallinie zu erwischen.

Der Lenker schlang die Zügel um seinen Körper. Er trug ein Messer bei sich, damit er sie bei einem Unfall durchtrennen konnte.

Rennbahnen gab es im ganzen Reich. Der *Circus Maximus* in Rom war die größte und älteste. Er war 550 m lang, 180 m breit und faßte 250 000 Zuschauer.

Die Wagen wurden von zwei oder vier Pferden gezogen, seltener auch von sechs oder acht. Je größer das Gespann, desto schwieriger war der Wagen zu lenken.

Jede Mannschaft hatte ihre eigenen Ställe und Trainer. Die Fans der Mannschaften waren so fanatisch, daß ein unerwünschter Ausgang nicht selten zu Krawallen führte. Erfolgreiche Wagenlenker wurden reich und berühmt.

# Gladiatorenkämpfe

Gladiatoren waren Gefangene, Verbrecher, Sklaven oder bezahlte Freiwillige, die zur öffentlichen Unterhaltung kämpften. Gladiatorenkämpfe mit wilden Tieren waren in Rom sehr beliebt. Anfangs fanden sie im Circus statt, später in steinernen Bauwerken, den Amphitheatern. Die Spiele wurden oft zur Feier bedeutender Ereignisse – zum Beispiel einer siegreichen Schlacht – veranstaltet. Zuerst fanden sie in bescheidenem Rahmen statt, wurden mit der Zeit aber immer aufwendiger. Trajan veranstaltete Spiele, die 117 Tage dauerten und an denen 10 000 Gladiatoren beteiligt waren.

Überall im Reich gab es Amphitheater. Das größte faßte 50 000 Zuschauer. Die reichen Bürger saßen unten auf den besten Plätzen, die Armen weiter oben.

Zur Eröffnung der Spiele am Morgen zogen die Gladiatoren in Begleitung von Tänzern, Akrobaten, Priestern und Musikern an der Loge des Kaisers oder des Schirmherrn vorüber.

Darauf folgten Tierkämpfe. Die Römer stellten besonders exotische Tiere zur Schau. Bären, Panther und Stiere wurden aufeinander gehetzt, in der Arena von Bogenschützen gejagt oder auf wehrlose Gefangene losgelassen. Bei vielen Kämpfen floß das Blut in Strömen, und Tausende von Tieren und Menschen wurden getötet. Anschließend gab es Darbietungen zur Entspannung, z. B. die Aufführung komischer Szenen.

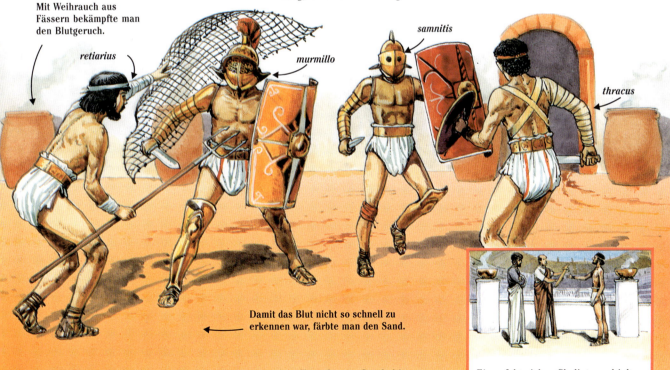

Mit Weihrauch aus Fässern bekämpfte man den Blutgeruch.

*retiarius* — *murmillo* — *samnitis* — *thracus*

Damit das Blut nicht so schnell zu erkennen war, färbte man den Sand.

Die Gladiatoren kämpften am Nachmittag. Nach Waffen und Rüstung unterschied man vier Typen, deren Vertreter jeweils gegeneinander antraten, zum Beispiel ein *retiarius* gegen einen *murmillo*. Der Kampf ging auf Leben und Tod, doch konnten besiegte oder verwundete Kämpfer um Gnade bitten. Der Schirmherr entschied nach dem Willen des Publikums, ob dem Bittenden das Leben geschenkt werden sollte. Es ist nicht ganz sicher, ob der »Daumen nach oben« hieß, daß der Gladiator am Leben bleiben durfte.

Ein erfolgreicher Gladiator erhielt Geld und Kranz und wurde gefeiert. Nach vielen Siegen bekam er zum Zeichen seiner Freilassung ein hölzernes Schwert verliehen. Freigelassene Kämpfer wurden häufig Trainer an Gladiatorenschulen.

# Thermen

Die ersten Badehäuser entstanden im 2. Jh. v. Chr. und waren einfache Waschgelegenheiten für Männer. Zur Zeit von Kaiser Augustus gab es bereits 170 private Badehäuser, und 20 n. Chr. wurden die ersten großen öffentlichen Bäder (Thermen) eröffnet. In der Kaiserzeit entwickelten sie sich zu Zentren, wo Tausende ihre Mußestunden verbrachten. Die Ruinen zeigen, daß die Thermen aufwendige Bauten mit komplizierten Heizsystemen und Installationen waren. So wie die Abbildung auf diesen Seiten kann eine römische Thermenanlage ausgesehen haben.

Große Thermen enthielten sogar eine Bibliothek und Leseräume.

Kaiser ließen Thermen erbauen, um ihre Macht und ihren Reichtum zu zeigen. Die Bauten waren oft verschwenderisch mit Gold und Marmor ausgestattet.

Im *frigidarium* befand sich ein großes Becken mit kaltem Wasser.

Die Kleider gab man im *apodyterium* ab; dort wurde viel gestohlen.

Im Bad gab es Sportanlagen, wo man sich im Ringkampf und anderen Sportarten übte.

Reiche Leute ließen sich im Bad von ihren Sklaven bedienen und sie auf ihre Wertsachen aufpassen.

Den Badegästen wurden Imbisse angeboten.

In einigen Bädern oder in unmittelbarer Umgebung gab es auch Läden und Restaurants.

Viele Thermen wurden über Heilquellen angelegt. Die Menschen hofften, dort ihre Leiden kurieren zu können.

Manchmal gab es ein Freiluftbecken.

# Religion

Die Römer glaubten an viele Göttinnen und Götter. Hausgötter sollten das Haus beschützen und wurden zu Hause verehrt, während den zwölf offiziellen Göttinnen und Göttern bei öffentlichen Feiern und Festen die Ehre erwiesen wurde. Die Verehrung der Hausgötter war die älteste Form römischer Frömmigkeit; der Staatskult entwickelte sich erst mit der Ausdehnung des Reiches.

## Verehrung der Hausgötter

Die Römer glaubten, daß *numina* (Hausgeister) das Haus bewohnten: Die *penates* bewachten die Vorräte, die *lares* schützten den ganzen Haushalt. Außerdem verehrte jede Familie ihren besonderen Schutzgott, den *genius*, sowie die Geister der Ahnen, die *manes*. Dieser Glaube ging auf die Bauern der Frühzeit zurück, wurde aber auch noch zur Kaiserzeit in den Stadthäusern gepflegt. Einige *numina* waren für bestimmte Bereiche zuständig. Vesta war z. B. die Göttin des Herdes und Janus der Gott des Hauseingangs.

In jedem Haus gab es ein *lararium*, einen Altar, an dem die Laren verehrt wurden. Davor betete man täglich und opferte Wein, Brot und Früchte.

## Aufnahme anderer Religionen

Bei ihren Eroberungen trafen die Römer auf Menschen, die andere Götter verehrten. Sie unterdrückten diese Religionen nicht, sondern übernahmen sie. Je größer das Reich wurde, desto mehr Gottheiten verehrten sie.

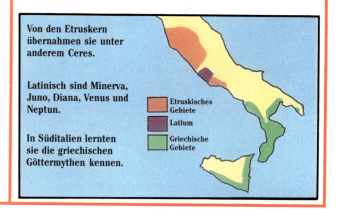

Von den Etruskern übernahmen sie unter anderem Ceres.

Latinisch sind Minerva, Juno, Diana, Venus und Neptun.

In Süditalien lernten sie die griechischen Göttermythen kennen.

Etruskisches Gebiete
Latium
Griechische Gebiete

## Die Staatsreligion

Die griechische Mythologie faszinierte die Römer, und sie setzten ihre Götter kurzerhand denen der Griechen gleich. Dies war die Grundlage ihrer Staatsreligion. Die Götter wurden in genau festgelegten Ritualen bei ausgedehnten Feiern verehrt. Die Römer konnten zu beliebig vielen Göttern beten und ihnen Opfer bringen.

Viele Römer glaubten, sie stünden unter dem Schutz einer bestimmten Gottheit. Sie ordneten jedem Gott einen besonderen Bereich des Lebens zu. Venus flehte man um Erfolg in der Liebe an, Mars um den Sieg in der Schlacht.

## Tempel und Zeremonien

Die Römer errichteten den Staatsgöttern große, eindrucksvolle Tempel nach etruskischem und griechischem Vorbild. Darin bewahrte man Kriegsbeuten oder Dankesgaben von Gläubigen auf. Man konnte auch sein privates Gold den Priestern und Priesterinnen im Tempel zur Aufbewahrung überlassen.

Im Tempel stand eine Statue des Gottes, dem der Tempel geweiht war.

An Staatsfeiertagen (siehe Seite 66-67) zog eine Prozession von Priesterinnen und Priestern, Repräsentanten des Staates und Musikanten mit Opfertieren zum Tempel.

Die Zeremonien fanden außerhalb der Tempel statt. Für private Gebete betrat man die Tempel.

# Opferfeiern

Tieropfer wurden auf einem Altar vor dem Tempel gebracht. Die Zeremonie war sehr kompliziert und durfte nur von Priestern durchgeführt werden. Wenn dabei ein Fehler unterlief, nahmen die Götter das Opfer nicht an. Deshalb hatten die Priester eine bedeutende Stellung inne. Der Oberpriester hieß *pontifex maximus*. Seit Augustus bekleidete der Kaiser selbst dieses Amt.

Die Bürger konnten ein Tier zum Tempel bringen, um es zu opfern. Meist war es ein Ochse, ein Schaf, ein Schwein, eine Ziege oder eine Taube.

Der Priester wusch die Hände, bat um Ruhe und besprengte den Kopf des Opfertieres mit Salz, Mehl oder Wein. Auf ein Zeichen hin führten Diener das Schlachtopfer aus.

Bestimmte Teile des Tierkörpers wurden den Göttern im Altarfeuer dargebracht.

# Voraussagen der Zukunft

Die Römer glaubten fest an übernatürliche Mächte und an zahlreiche Mittel, mit deren Hilfe sich die Zukunft vorhersagen oder der Wille der Götter erkennen ließ. Zu ihrem Schutz und Wohlergehen vollzogen die Menschen alle möglichen Riten und befragten Weissager.

Der *haruspex* untersuchte die Innereien der Opfertiere. Aus der Form und gewissen Schädigungen der Tierleber weissagte er den Willen der Götter in bezug auf öffentliche Vorhaben und die Politik.

In Rom gab es 16 Auguren. Diese Zeichendeuter beobachteten den Flug der Vögel, die Wolken, Blitze und andere Naturereignisse. Sie erkannten darin Omen, also Vorzeichen, in denen die Götter ihre Absichten kundtaten.

In Krisenzeiten suchten die Römer in den Büchern der Sibylle Rat. Sie war eine Prophetin, die in der Frühzeit Roms in Höhlen bei Cumae gelebt haben soll. Diese Bücher wurden in Rom streng bewacht. Mit ihrer Hilfe ließ sich der Wille der Götter deuten.

Astrologen sagten nach der Stellung der Gestirne bei einer Geburt das Schicksal des Kindes voraus. Dies war in der Kaiserzeit alltäglich. Sogar der Kaiser suchte den Rat von Astrologen, etwa um zu verhindern, daß er ermordet wurde.

Die Armen ließen sich aus der Hand lesen, oder sie würfelten, um ihre Zukunft zu erfahren.

Man glaubte auch an Wunder und Heilung durch Traumbilder, die den Kranken im Tempel des Heilgottes Äskulap (siehe Seite 69) im Schlaf erschienen.

# Göttinnen und Götter

Der folgende Stammbaum enthält die wichtigsten Gottheiten der Staatsreligion (siehe Seite 62) und ihren Einflußbereich. Dem römischen Namen folgt jeweils in Klammern der griechische.

Juno (Hera), Frau und Schwester Jupiters, Göttin der Frauen und der Geburt

Jupiter (Zeus), Göttervater und Gott des Blitzes und Donners

Vesta (Hestia), Göttin des Herdfeuers

Neptun (Poseidon), Gott des Meeres

Dispater (Pluto, Hades), Gott der Unterwelt

Ceres (Demeter), Göttin der Feldfrüchte

Vulcanus (Hephäst), Gott des Feuers und Schmiedekunst

Mars (Ares), Gott des Krieges

Diana (Artemis), Mond- und Jagdgöttin

Apollo, Gott der Sonne und der Wissenschaften; Heil- und Weissagegott (Die Römer übernahmen den Namen von den Griechen.)

Minerva (Athena), Göttin der Weisheit und des Krieges

Mercurius (Hermes), Gott des Handels und der Diebe, Götterbote

Bacchus (Dionysos), Gott des Weines

Venus (Aphrodite), Tochter des Uranos und der Gäa, Göttin der Liebe und der Schönheit

= Dieses Zeichen bedeutet »verheiratet mit«.

## Die Vestalinnen

Bevor Vesta zur Staatsgöttin erhoben wurde, war sie eine Hausgottheit. Das Feuer vor ihrem Heiligtum auf dem Forum wurde von sechs Frauen – den vestalischen Jungfrauen – gehütet. Sie wurden aus Roms ersten Familien gewählt. Das Amt zu bekleiden war zwar eine Ehre, doch mußten die Vestalinnen den Dienst 30 Jahre lang ausüben und unverheiratet bleiben.

## Andere Götter

Es gab viele weniger bedeutende Gottheiten. Zum Beispiel sorgten Flora, Faunus, Pomona und Silvanus für Wachstum und Fruchtbarkeit. Auch für den Krieg gab es mehrere, darunter Quirinus und Bellona. Der Gott der Liebe war Cupido. Roma nannte man die Stadtgöttin von Rom.

Flora, Cupido, Quirinus, Roma

## Andere religiöse Kulte

Viele Römer verloren das Vertrauen zur Staatsreligion, da sie ihren persönlichen Bedürfnissen nicht entsprach und sich in Ritualen erschöpfte. Zudem glaubten die Menschen immer weniger, daß Opfer und Gebete in Krisenzeiten Hilfe bringen konnten. Zu Beginn der Kaiserzeit hatten sich viele Römer schon ganz von der Staatsreligion abgewandt. Augustus versuchte, sie zu erneuern. Aber die Menschen wandten sich zunehmend den Kulten zu, die aus anderen Ländern nach Rom gelangten. Dabei blieben sie nicht nur Zuschauer, sondern nahmen an heiligen Handlungen teil. Einige dieser Religionen versprachen auch ein Leben nach dem Tode. Im folgenden werden Gottheiten und Religionen vorgestellt, die bei den Römern Anklang fanden.

◀ Die keltische Pferdegöttin Epona wurde zuerst in Gallien verehrt. Dann brachten vermutlich gallische Soldaten den Kult nach Spanien, Schottland, Germanien, bis an die Donau und nach Italien.

Mithras

◀ Die Verehrung des Gottes Mithras ging von Indien und Persien aus und fand schließlich im ganzen Reich Anhänger, besonders unter den Soldaten. Der Mithras-Kult verspricht ein Leben nach dem Tod. Er fordert, den Mitmenschen freundlich und mit Hochachtung zu begegnen. Nach dieser Lehre sind alle Menschen gleichwertig: Senatoren wie Sklaven. Dennoch waren Frauen zum Kult nicht zugelassen. Tempel des Mithras wurden im ganzen Reichsgebiet gefunden.

Kybele, die »Große Mutter«, genoß weithin ▶ Verehrung. Als Göttin der Fruchtbarkeit, der Heilung und der Natur war sie vor allem bei Frauen geschätzt. Der Kult gelangte 204 v. Chr. aus Kleinasien nach Rom, als ein Prophet behauptete, Rom würde den Krieg gegen Karthago ohne Kybeles Hilfe verlieren. Musik und Tanz, Opfer und Prozessionen bestimmten die Feiern. Der Kult war vielen Römern verdächtig, doch wurde er von Claudius offiziell anerkannt.

Kybele

Das Judentum lernten die Römer während der Eroberung Palästinas – der späteren Provinz Judäa – 63 v. Chr. kennen. Viele Römer wandten sich dieser alten Religion zu. Anfangs duldete man sie offiziell. Später wurden die Juden verfolgt, da sie nur an einen Gott glaubten und sich weigerten, den Kaiser als Gott zu verehren. Aufstände gegen die römische Oberherrschaft endeten 70 n. Chr. mit der Zerstörung des jüdischen Tempels in Jerusalem. Dieses Ereignis ist auf dem Titusbogen dargestellt.

◀ Der aus Ägypten stammende Kult der Isis verbreitete sich im ganzen Reich. Isis ist Herrscherin des Himmels und der Erde, Göttin des Weizens und der Gerste. Ihr Kult wurde durch einen Besuch der ägyptischen Königin Kleopatra 45 v. Chr. in Rom populär. Isis steht für Güte und Reinigung von Sünde. Die Römer waren fasziniert, weil der Kult so alt war. Die Riten waren ausgeklügelt und zum Teil geheim.

Dieses frühchristliche Wandgemälde zeigt Jesus als Hirten.

◀ Das Christentum begründeten die Anhänger von Jesus von Nazareth (um 5 v. Chr. bis 29 n. Chr.) in Palästina. Es breitete sich rasch im ganzen Reich aus. Da es den Trost des ewigen Lebens verhieß, strömten ihm die Armen zu. Wie die Juden glaubten die Christen nur an einen Gott und verweigerten die Verehrung des Gottkaisers. Damit brachten sie die Herrschenden gegen sich auf. Da die Christen zeitweise unnachgiebig verfolgt wurden, konnten sie sich nur heimlich treffen. Dennoch schlossen sich ihnen immer mehr Menschen an. Das Christentum wurde 313 n. Chr. von Konstantin anerkannt (siehe Seite 77) und 394 n. Chr. Staatsreligion.

### Phönizische Götter

Baal

Baal und Tanit waren alte phönizische Götter, die die Römer in Karthago kennenlernten. Ursprünglich gehörten zu ihrem Kult auch Menschenopfer; diese wurden nach der Eroberung von Karthago 146 v. Chr. von den Römern verboten. In Teilen Spaniens und Nordafrikas überlebte der Kult bis ins 1. Jahrhundert n. Chr.
In Cadiz (Spanien) gab es seit 1100 v. Chr. ein Heiligtum für Melkart, eine andere karthagische Gottheit. Um 400 v. Chr. setzten die Römer Melkart mit dem Gott Herkules (abgeleitet vom griechischen Herakles) gleich. Der Kult hielt sich bis ins 5. Jahrhundert n. Chr.

Bei der Eroberung neuer ▶ Gebiete brachten die Römer auch ihre Götter mit. Die Einheimischen brauchten sie nicht zu übernehmen, waren aber häufig interessiert. So vermischten sich einheimische Gottheiten mit römischen. Dieser Tempel in Trier war dem Heilgott Mars Lenus geweiht.

# Feste

Die Römer begingen viele Feste mit meist gesellschaftlichem oder religiösem Hintergrund. An solchen Tagen wurde oft nicht gearbeitet, doch waren Geschäfte nur an besonders wichtigen Feiertagen verboten. Unter Augustus gab es über 100 Feiertage im Jahr, unter den späten Kaisern sogar über 200. An vielen Festtagen fanden Spiele, Rennen und Theateraufführungen statt (siehe Seite 56-59). Der folgende Kalender zählt die wichtigsten Ereignisse auf, nennt die Gründe für die Festtage und deren lateinischen Namen.

### 1. Januar:

Vereidigung der neuen Konsuln. Jupiter wurden zum Dank für seinen Schutz im letzten Jahr Stiere geopfert. Die Konsuln gelobten, ihre Nachfolger würden im nächsten Jahr dasselbe tun.

### Anfang Januar: Compitalia

Auf dem Land baute man an der Grenze seines Grundstückes einen kleinen Altar auf, brachte einen Pflug und für jede Person des Haushaltes eine Holzpuppe mit. Am nächsten Tag ruhte die Arbeit. Um den Hof für das kommende Jahr zu entsühnen, wurde ein Opfer dargebracht.
In der Stadt opferte der Vorsteher jeder *insula* auf einem Altar (die an jeder Kreuzung standen) eine Henne. Es folgten drei Feiertage.

### 13. bis 21. Februar: Parentalia

Die Parentalien wurden zu Ehren verstorbener Eltern begangen. Beim Besuch der Grabstätten außerhalb der Stadt brachte man Blumen, Milch und Wein zu den Gräbern der Eltern. Diese Gaben waren zum Stillen des Hungers. Die Toten sollen nicht wiederkommen und die Lebenden plagen.

### 15. Februar: Lupercalia

Zwei Gruppen von Jugendlichen trafen sich am Lupercalium, einer Höhle am Palatin, und rannten um den Hügel. Es war eine Attraktion für die Massen. Die Läufer trugen Felle geopferter Ziegen und waren mit Blut verschmiert. Beim Laufen schlugen sie mit Ziegenlederschnüren auf die Zuschauer ein. Es hieß, dies mache fruchtbar. Deshalb stellten sich Frauen, die sich ein Kind wünschten, in die vordere Reihe.

### 22. Februar: Caristia

Mit dieser Zeremonie gingen die *parentalia* zu Ende. Die Familien versammelten sich zu einem Freudenmahl.

### 1. März:

Im Tempel der Vesta fand das Ritual zur Erneuerung des immerwährenden Feuers statt. An diesem Tag begannen auch die Tänze der *salii* (Marspriester). Zwölf junge Patrizier tanzten mit geweihten Schildern 19 Tage lang in Rom umher. Sie wurden jeden Abend in einem anderen Haus festlich bewirtet.

### 14. März:

Zu Ehren des Kriegsgottes Mars wurden auf dem *Campus Martius* (Marsfeld) Pferderennen veranstaltet.

### 15. März:

Zum Fest der Anna Perenna, der Göttin des Jahres, speiste man am Tiber im Freien. Es herrschte der Volksglaube, man werde so viele Jahre leben, wie man Becher Wein trank.

### 23. März: Tubilustrium

An diesem Tag wurden dem Gott Mars Kriegstrompeten geweiht, damit kommende Schlachten siegreich ausgingen.

### 4. bis 10. April: Ludi Megalenses

Zu Ehren der Großen Mutter Kybele (siehe Seite 65) fanden Spiele statt.

### 12. bis 19. April:     Ludi Ceriales

Zu Ehren von Ceres, der Göttin der Feldfrüchte, wurden Spiele veranstaltet.

### 21. April:     Parilia

Parilia war ursprünglich das ländliche Fest der Schafsweihe, um Krankheiten von den Herden fernzuhalten. Später wurde es in Rom am Gründungstag der Stadt gefeiert. In jedem Stadtteil entzündeten die Römer Feuer, in die man Opfergaben warf. Die Menschen umtanzten die Feuer. Ein großes Festmahl im Freien beschloß dieses Fest.

### 28. April bis 3. Mai:     Ludi Florales

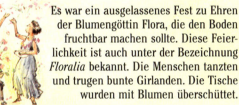

Es war ein ausgelassenes Fest zu Ehren der Blumengöttin Flora, die den Boden fruchtbar machen sollte. Diese Feierlichkeit ist auch unter der Bezeichnung *Floralia* bekannt. Die Menschen tanzten und trugen bunte Girlanden. Die Tische wurden mit Blumen überschüttet.

### 9. Juni:     Vestalia

Verheiratete Frauen brachten der Göttin Speiseopfer in den Tempel. An diesem Tag hatten die Bäcker nichts zu tun, da die Vestalischen Jungfrauen Brot aus *mola salsa* (gesalzenem Mehl) backten.

### 24. Juni:     Fors Fortuna

Das Fest der Schicksalsgöttin Fortuna war ein großer allgemeiner Feiertag. Die Menschen ruderten tiberabwärts zu den Opferfeiern an den beiden Altären der Fortuna unweit von Rom. Anschließend aß und trank man im Freien.

### 6. bis 13. Juli:     Ludi Apollinares

In republikanischer Zeit war dies ein Fest zu Ehren des Gottes Apollo. In der Kaiserzeit nutzte man den Tag für Theateraufführungen, Spiele und Rennen.

### 12. August:

Der Gott Merkur war für seine schlauen Tricks bekannt und besonders bei Händlern und Geschäftsleuten beliebt. Zehn Prozent ihres Gewinns wurden an seinem Altar geopfert. Mit diesem Geld finanzierte man am 12. August dann das öffentliche Fest.

### 13. August:

Am Fest der Diana hatten die Sklaven frei. Die Frauen wuschen traditionell an diesem Tag ihr Haar.

### 5. bis 19. September:     Ludi Romani

Ursprünglich fanden die Spiele, Rennen und Theateraufführungen dieses 15tägigen Festes zu Ehren Jupiters statt, später verblaßte der religiöse Bezug immer mehr. Am 13. September wurde im Tempel des Jupiter eine Kuh geopfert; anschließend veranstalteten der Senat und die Magistrate ein Festbankett. Bekleidete Statuen Jupiters, Junos und Minervas wurden auf die Liegen gelegt, damit sie mit den Menschen feiern konnten.

### 4. bis 17. November:     Ludi Plebeii

An diesem Fest zu Ehren Jupiters fanden Theatervorstellungen, Rennen und Spiele statt. Am 13. November gab es für den Senat und die Magistrate ein Bankett.

### Anfang Dezember:     Riten der Bona Dea

Ein Fest zu Ehren der Bona Dea, der guten Göttin, die alle Frauen beschützte. Diese Riten waren geheim, Männer hatten keinen Zutritt. Vermutlich wurden bei den Riten getanzt, getrunken und geweihte Gegenstände verehrt.

### 17. Dezember:     Saturnalia

Ursprünglich dauerten die Saturnalien nur einen Tag, später sieben. Sie wurden mit der Opferung junger Schweine im Tempel des Saturn eröffnet. Am folgenden Tag setzten die Herren den Sklaven diese Schweine vor.

# Heilkunde

Ihr medizinisches Wissen hatten die Römer von den Griechen. Der griechische Arzt Hippokrates lebte im 5. Jh. v. Chr. Er hat alle Krankheiten, auf die er stieß, und deren Behandlung beschrieben. Seine Aufzeichnungen bildeten die Grundlage griechischer und römischer Heilkunde. Schon in der Republik begann man in Rom Ausbildungsstätten für Ärzte zu schaffen. Die Ärzte mußten nicht nur über medizinische Kenntnisse verfügen, sondern auch religiöse Rituale beherrschen. Viele Ärzte erweiterten ihre Kenntnis in Anatomie und Chirurgie in Armeehospitälern. So etwa muß man sich ein Lazarettzelt vorstellen:

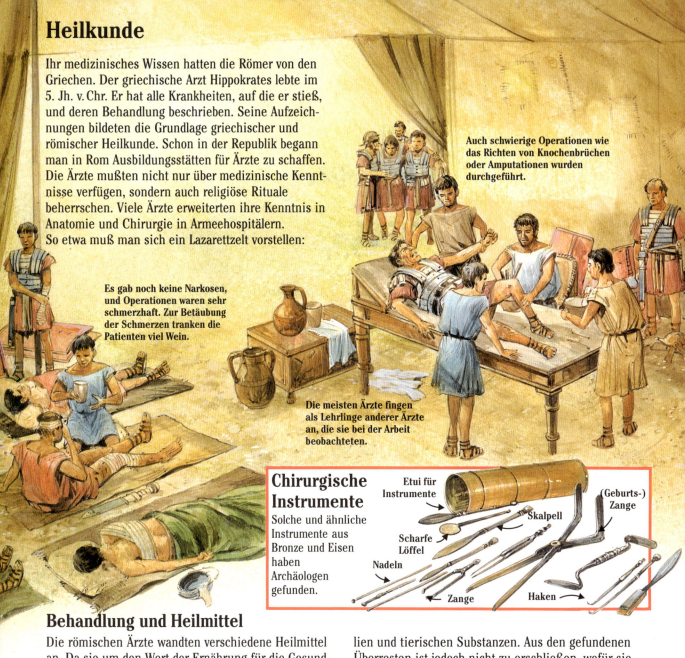

Auch schwierige Operationen wie das Richten von Knochenbrüchen oder Amputationen wurden durchgeführt.

Es gab noch keine Narkosen, und Operationen waren sehr schmerzhaft. Zur Betäubung der Schmerzen tranken die Patienten viel Wein.

Die meisten Ärzte fingen als Lehrlinge anderer Ärzte an, die sie bei der Arbeit beobachteten.

**Chirurgische Instrumente**
Solche und ähnliche Instrumente aus Bronze und Eisen haben Archäologen gefunden.

Etui für Instrumente — Skalpell — (Geburts-)Zange — Scharfe Löffel — Nadeln — Zange — Haken

## Behandlung und Heilmittel

Die römischen Ärzte wandten verschiedene Heilmittel an. Da sie um den Wert der Ernährung für die Gesundheit wußten, empfahlen sie den Menschen oft eine Ernährungsumstellung, aber auch Bewegung, frische Luft und regelmäßigen Besuch der Bäder. Daneben verabreichten sie Medikamente aus Pflanzen, Mineralien und tierischen Substanzen. Aus den gefundenen Überresten ist jedoch nicht zu erschließen, wofür sie benutzt wurden oder woraus sie hergestellt waren. Es sind aber medizinische Dokumente erhalten. Der Feldarzt Diskorides hat 600 Pflanzen und 1000 Heilmittel aufgelistet, die er an Patienten ausprobiert hat.

Augeninfektionen wurden mit Blei-, Zink- oder Eisensalben behandelt.

Getränke aus Wein und Heilkräutern halfen gegen Husten und Brustbeschwerden.

Medikamentenkiste

Der Saft gewisser Pflanzen half bei Hauterkrankungen und gegen Schlangenbisse.

Manche Substanzen wurden im Mörser zermahlen und zu Tabletten verarbeitet.

# Ein Arztbesuch

Sehr reiche Römer hatten ihren eigenen Arzt. Wohlhabende Patienten ließen den Arzt ins Haus kommen, während die einfachen Leute in ein Krankenhaus oder eine Arztpraxis gingen. Vom 1. Jahrhundert n. Chr. an gab es einen staatlichen Gesundheitsdienst: In jeder Stadt arbeiteten mehrere Ärzte, die von Steuern befreit waren. Sie durften Honorare annehmen, mußten aber die Armen kostenlos behandeln. Manche Ärzte hielten ihre Sprechstunden in offenen Ladenräumen ab, andere hatten ruhigere Räume, wie hier abgebildet.

**Schrank mit medizinischen Schriftrollen**

**Kräutergarten zur Herstellung von Medikamenten**

**Untersuchungsliege**

In den medizinischen Schriften wurden die Ärzte beraten, wie sie sich verhalten sollten, damit die Patienten sich wohlfühlten. Dieser Arzt untersucht gerade ein Kind.

**Kisten mit Heilmitteln und Salben**

**Chirurgische Instrumente**

# Spezialheilkunde

Dieser Grabstein weist darauf hin, daß es auch Ärztinnen gab. Sie waren wohl vor allem auf Frauenheilkunde und Geburtshilfe spezialisiert.

Manche Ärzte zogen zur Behandlung der Patienten von Stadt zu Stadt. Vermutlich verkauften sie dabei auch Medikamente.

Zahntechniker befestigten gezogene Zähne an Goldbrücken, die als Gebiß Verwendung fanden. Diese Errungenschaft stammt wohl von den Etruskern.

# Religion und Medizin

Da die Römer glaubten, daß die Heilung eines Menschen letztlich ein Werk der Götter sei, wurden in der Heilkunde zahlreiche religiöse Rituale abgehalten. Große Hoffnung setzte man auch auf Aberglauben und Zauberei. Dies taten auch viele Ärzte.

Überall im römischen Reich gab es Tempel des Heilgottes Äskulap. Darin standen Statuen des Gottes wie die abgebildete. Die Patienten schliefen in den Heiligtümern in dem Glauben, der Gott werde ihnen im Traum die richtige Heilmethode offenbaren.

Erfuhr man Heilung, opferte man den Göttern. Opfer waren zum Beispiel steinerne Nachbildungen des geheilten Körperteils oder auch des Gottes. Hier ist Äskulap mit seiner Tochter, der Heilgöttin Hygieia, zu sehen.

Auf einer Insel im Tiber stand ein Äskulap-Tempel. Dort wurden häufig Sklaven, die krank oder zu alt zum Arbeiten waren, ausgesetzt. Claudius gewährte ihnen Freiheit. Später wurde der Tempel eines der ersten öffentlichen Spitäler.

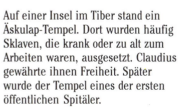

# Architektur

Auch in der Architektur war der griechische Einfluß spürbar. Griechische Handwerker und Architekten bauten für die Römer in griechischem Stil. Doch die Römer griffen auch bald griechische Formen auf und entwickelten sie weiter. Ihr Interesse war in erster Linie praktischer Art. Bei der Errichtung großer Bauwerke wie Amphitheater, Thermen, Basiliken, Brücken und Aquädukte, leisteten die Römer Hervorragendes. Die Verwendung von Zement oder Mörtel ermöglichte größere und stabilere Anlangen.

## Tempel

Die Römer ahmten die Architektur der griechischen Tempel nach. Die griechischen Tempel standen meist frei und waren von allen Seiten gut zu sehen. Dagegen standen römische Tempel oft inmitten anderer großer Gebäude, so daß nur die Vorderfront sichtbar war. Hier sieht man die Maison Carrée in Nîmes. Es ist ein römischer Tempel aus dem 1. Jahrhundert n. Chr.

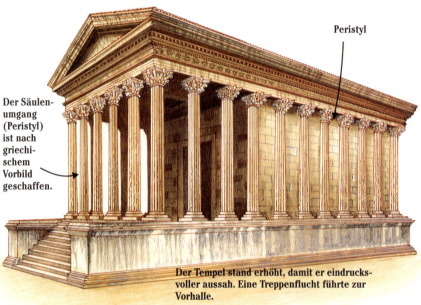

Während die Säulen griechischer Tempel frei standen, war der Säulenumgang (Peristyl) bei den Römern mit der *cella* (Innenraum) verbunden, was diese vergrößerte.

Peristyl

Der Säulenumgang (Peristyl) ist nach griechischem Vorbild geschaffen.

Der Tempel stand erhöht, damit er eindrucksvoller aussah. Eine Treppenflucht führte zur Vorhalle.

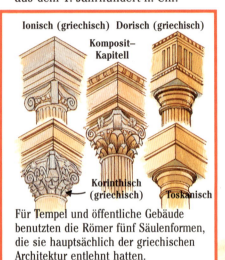

Ionisch (griechisch)   Dorisch (griechisch)
Komposit–Kapitell
Korinthisch (griechisch)   Toskanisch

Für Tempel und öffentliche Gebäude benutzten die Römer fünf Säulenformen, die sie hauptsächlich der griechischen Architektur entlehnt hatten.

## Bögen

In vorrömischer Zeit errichtete man für ein Gebäude meist zuerst die Wände und legte ein Dach aus Holzbalken oder Steinblöcken darüber. Bis zu 7,3 m hat man so überbrückt. Die Technik wurde zum Beispiel bei der Maison Carrée angewandt. Aber die Römer entwickelten auch Bögen und Gewölbe, die bereits die Etrusker verwendet hatten. Mit einem Bogen läßt sich ein größerer Raum überspannen. So entstand ein Bogen:

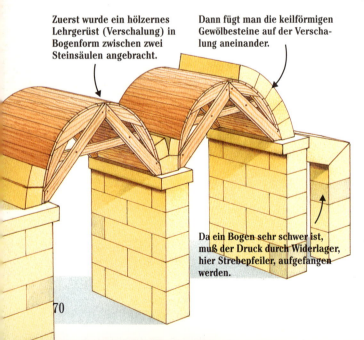

Zuerst wurde ein hölzernes Lehrgerüst (Verschalung) in Bogenform zwischen zwei Steinsäulen angebracht.

Dann fügt man die keilförmigen Gewölbesteine auf der Verschalung aneinander.

Da ein Bogen sehr schwer ist, muß der Druck durch Widerlager, hier Strebepfeiler, aufgefangen werden.

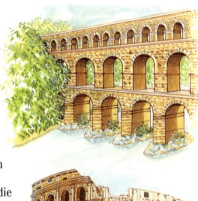

Die Technik des Bogenbaus ermöglichte den Römern, Brücken und Aquädukte zu errichten wie den Pont du Gard in Frankreich, bei dem der Hügel als Widerlager dient.

Beim Kolosseum in Rom stützen die Bögen die Konstruktion, während die Säulen an der Fassade lediglich Zier sind.

## Gewölbe und Kuppeln

Die Römer erkannten, daß mehrere Bögen hintereinander eine Art Tunnel (Tonnengewölbe) ergeben, der einen langen Raum überspannen kann, aber kaum Licht einläßt.

Später entwickelten sie das Kreuzgewölbe, bei dem sich zwei Tonnengewölbe rechtwinklig überschneiden. Es ist nicht so schwer und leichter zu erhellen.

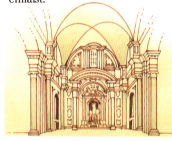

Das Kreuzgratgewölbe kam zuerst in den Thermen zur Anwendung. Hier das *tepidarium* in den Diokletian-Thermen, die um 1550 zur Kirche Santa Maria degli Angeli umgebaut wurden.

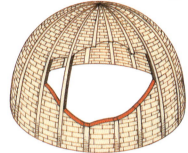

Eine Weiterentwicklung des Bogens war die Kuppel, bei der sich viele Bogen oben in einem zentralen Schlußstein, dem (Scheitel), treffen und so eine Halbkugel bilden.

## Das Pantheon

Das Pantheon in Rom hat die am besten erhaltene römische Kuppel. Es wurde 25 n. Chr. von Augustus' Offizier Agrippa gebaut. Das Bild zeigt einen Querschnitt; so sind die Details besser zu erkennen.

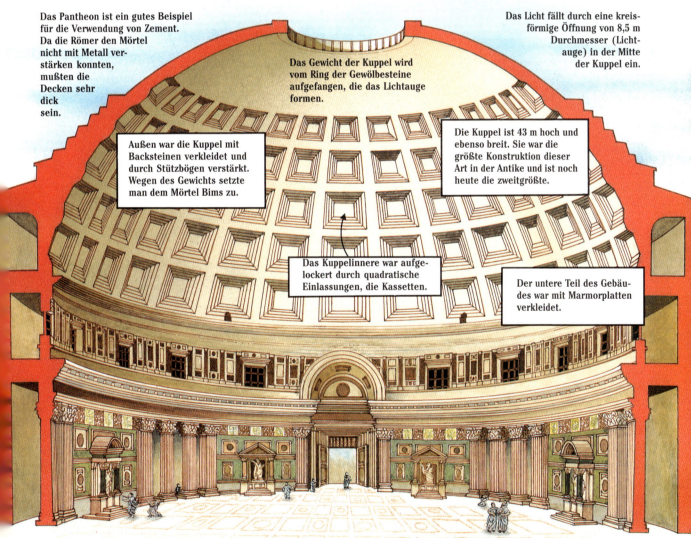

Das Pantheon ist ein gutes Beispiel für die Verwendung von Zement. Da die Römer den Mörtel nicht mit Metall verstärken konnten, mußten die Decken sehr dick sein.

Das Gewicht der Kuppel wird vom Ring der Gewölbesteine aufgefangen, die das Lichtauge formen.

Das Licht fällt durch eine kreisförmige Öffnung von 8,5 m Durchmesser (Lichtauge) in der Mitte der Kuppel ein.

Außen war die Kuppel mit Backsteinen verkleidet und durch Stützbögen verstärkt. Wegen des Gewichts setzte man dem Mörtel Bims zu.

Die Kuppel ist 43 m hoch und ebenso breit. Sie war die größte Konstruktion dieser Art in der Antike und ist noch heute die zweitgrößte.

Das Kuppelinnere war aufgelockert durch quadratische Einlassungen, die Kassetten.

Der untere Teil des Gebäudes war mit Marmorplatten verkleidet.

# Bautechnik

Da die Römer hervorragende Baumeister waren, haben viele ihrer Bauwerke die Jahrhunderte bis heute überdauert. Ihre bedeutenden Erfindungen in der Bautechnik ermöglichten die Errichtung von gewaltigen und stabilen Bauten und die Durchführung öffentlicher Großprojekte. Die Römer verwandten meist die besten Materialen und ersannen ausgereifte Konstruktionsmethoden, so daß die Bauwerke sicher waren und für lange Zeit Bestand hatten. Auf der hier abgebildeten Baustelle sind etliche Baumethoden, Materialien und Geräte zu sehen.

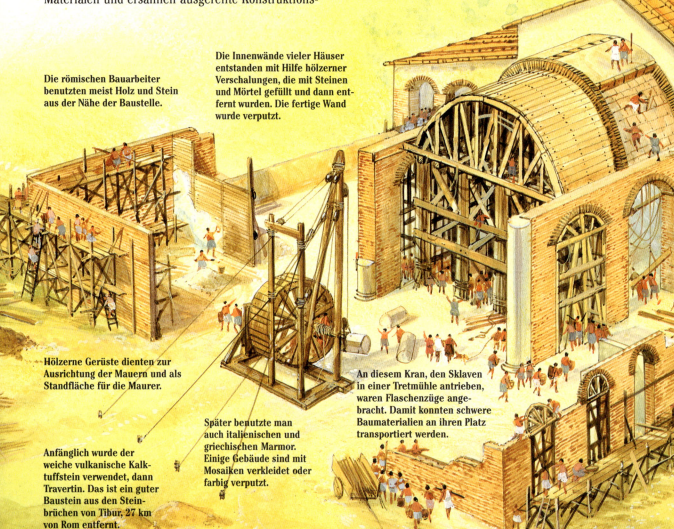

Die römischen Bauarbeiter benutzten meist Holz und Stein aus der Nähe der Baustelle.

Die Innenwände vieler Häuser entstanden mit Hilfe hölzerner Verschalungen, die mit Steinen und Mörtel gefüllt und dann entfernt wurden. Die fertige Wand wurde verputzt.

Hölzerne Gerüste dienten zur Ausrichtung der Mauern und als Standfläche für die Maurer.

Anfänglich wurde der weiche vulkanische Kalktuffstein verwendet, dann Travertin. Das ist ein guter Baustein aus den Steinbrüchen von Tibur, 27 km von Rom entfernt.

Später benutzte man auch italienischen und griechischen Marmor. Einige Gebäude sind mit Mosaiken verkleidet oder farbig verputzt.

An diesem Kran, den Sklaven in einer Tretmühle antrieben, waren Flaschenzüge angebracht. Damit konnten schwere Baumaterialien an ihren Platz transportiert werden.

## Mörtel

Seit dem 2. Jh. v. Chr. verwendeten die Römer Mörtel zum Bauen. Sie stellten aus vulkanischer Asche einen hervorragenden Mörtel her, der den Bauten große Festigkeit gab. Hier sind die verschiedenen Schritte beim Bau einer Mauer zu sehen.

Zuerst wurden zwei niedrige Backsteinwände mit einem schmalen Zwischenraum hochgezogen.

Der Zwischenraum wurde mit einer Mischung aus Mörtel und Steinen oder Bauschutt gefüllt.

Sobald der Mörtel trocken war, wurde auf den ersten Abschnitt der Mauer der nächste gesetzt.

Oben nahm man für die Mörtelfüllung kleinere und leichtere Steine.

Dachpfannen und Dachrinnen wurden aus Ton geformt und dann durch Brennen gehärtet. In jedem Ziegel und jeder Dachpfanne war ein Stempel mit dem Namen des Herstellers.

Die Backsteine wurden oft in dekorativen Mustern angeordnet.

Die Römer stellten ausgezeichnete, meist kleine, flache Backsteine her. Die Maurer verstanden ihr Handwerk.

## Werkzeug

Römische Schmiede und Schreiner stellten für die Bauleute sehr gutes Werkzeug her. Hier ein paar Beispiele:

Die *groma* diente zur Ausrichtung gerader Linien, damit Häuser und Straßen gerade verliefen.

Maurerwinkel
Meißel
Zange
Maurerkelle
Axt

## Tiefbau

Römische Straßen, Brücken, Gebäude und Wasserleitungen bedurften genauester Planung. Die Haltbarkeit vieler dieser Konstruktionen beweist, wie gut die Römer mit komplizierten mathematischen und technischen Problemen zurechtkamen. Beispiele dieses technischen Könnens sind unten zu sehen.

Die öffentlichen Bäder und Waschanstalten der Römer mußten ständig mit Wasser versorgt werden. Das Wasser floß über Aquädukte (in Röhren über Brücken oder unterirdisch) in riesige Zisternen. Von dort verteilte es sich über ein System von Blei- oder Tonröhren.

Die Antriebsketten der Wasserräder wurden durch Wasserkraft in Gang gesetzt. Hier die Rekonstruktion eines Räderwerkes (Arles, Frankreich), mit dem Mühlen angetrieben wurden.

Von Sklaven oder Ochsen bewegte Tretmühlen pumpten das Wasser aus größerer Tiefe, etwa aus Bergwerksschächten. Das Wasser sammelte sich bei jedem Rad in Trögen. Das nächsthöhere Rad beförderte es dann weiter nach oben.

## Brückenbau

Zuerst legte man eine Hilfsbrücke über Boote. Dann wurden kreisförmig verbundene Holzpflöcke in das Flußbett gerammt und das Wasser aus dem Raum dazwischen herausgepumpt.

Anschließend wurden die Brückenpfeiler aus Steinquadern in dem Rund hochgezogen. Hatten sie die gewünschte Höhe erreicht, verband man sie durch Holzgerüste, auf welche die Brückenbögen gesetzt wurden.

# Rechtswesen

Zum ersten Mal in der römischen Geschichte wurde geltendes Recht 450 v. Chr. auf zwölf Tafeln aufgezeichnet. Dieses »Zwölftafelgesetz« bezog sich auf verschiedene Rechtsbereiche. Obwohl es nur bruchstückhaft erhalten ist, weiß man, daß es Gesetze über Geldwesen, Eigentums-, Familien- und Erbrecht sowie das Benehmen in der Öffentlichkeit enthielt. Weitere Bestandteile waren eine Prozeßordnung und Strafen für bestimmte Verbrechen. Trotz vieler Änderungen beruhte das römische Rechtswesen auch noch in der Kaiserzeit grundsätzlich auf dem Zwölftafelgesetz.

## Gerichtswesen

Da der Staat von sich aus keine Anklage erhob, mußten die Bürger einen Prozeß selbst in die Wege leiten. In Rom waren die *praetores* für die Gerichte zuständig, in den Provinzen die Statthalter. Sie entschieden, ob einer Anklage stattgegeben wurde oder nicht, bestimmten die Richter oder verhandelten den Fall selbst.

Wer jemanden eines Verbrechens beschuldigte, hatte dafür zu sorgen, daß der Beschuldigte vor Gericht erschien. Das galt als sehr ehrenvoll und erhöhte das Ansehen. In Rom fanden die Prozesse in einer Basilika in der Nähe des Forums statt. So etwa hat man sich ein römisches Gericht vorzustellen:

Falls der Beschuldigte nicht vor Gericht erscheinen wollte, konnte der Ankläger ihn mit Gewalt dorthin bringen. Das führte häufig vor Prozessen zu regelrechten Kämpfen.

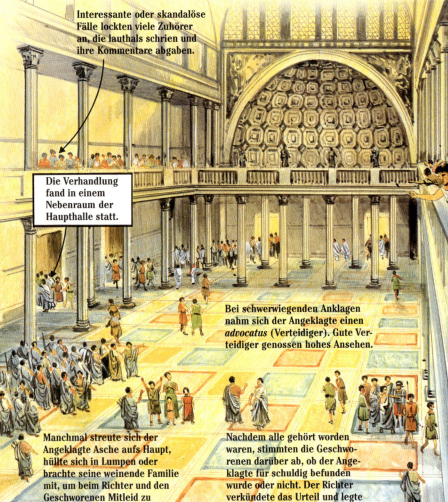

Interessante oder skandalöse Fälle lockten viele Zuhörer an, die lauthals schrien und ihre Kommentare abgaben.

Die Verhandlung fand in einem Nebenraum der Haupthalle statt.

Bei schwerwiegenden Anklagen nahm sich der Angeklagte einen *advocatus* (Verteidiger). Gute Verteidiger genossen hohes Ansehen.

Bei großen Prozessen wurden 75 Geschworene einberufen. Als Geschworene waren nur Bürger zugelassen.

Manchmal streute sich der Angeklagte Asche aufs Haupt, hüllte sich in Lumpen oder brachte seine weinende Familie mit, um beim Richter und den Geschworenen Mitleid zu erwecken.

Nachdem alle gehört worden waren, stimmten die Geschworenen darüber ab, ob der Angeklagte für schuldig befunden wurde oder nicht. Der Richter verkündete das Urteil und legte die Strafe fest.

## Verbrechen und Strafen

Wie wir aus römischen Schriften über das Gerichtswesen wissen, hing die Bestrafung in der Kaiserzeit vom Stand des Angeklagten ab. Die Richter unterschieden zwei Gruppen: die *honestiores* (Ehrbaren) und die *humiliores* (Gemeinen). Die *humiliores* waren fast immer ärmer und wurden härter bestraft.

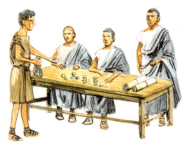

Viele Strafen wurden verhängt, weil jemand Schulden nicht bezahlt, einen Vertrag nicht eingehalten oder einen anderen betrogen hatte. Zur Strafe mußten Geldstrafen oder andere Entschädigungen entrichtet werden.

Verbrecher kamen nicht ins Gefängnis, sondern wurden für eine bestimmte Zeit in entlegene Teile des Reiches verbannt. Andere verloren Eigentum und Bürgerrecht.

# Gesetze und Juristen

Die römischen Gesetze änderten sich im Verlauf der Zeit. Die im Zwölftafelgesetz festgehaltenen Gesetze wuchsen zu einer riesigen Sammlung an, die verschiedene Auslegungen und Präzedenzfälle umfaßte. Das Bild zeigt, wie das Gesetz angewandt wurde.

## Republikanisches Recht

Zur Zeit der Republik beschlossen Senat und Volksversammlung die Gesetze.

Da diese Gesetze recht ungenau waren, mußte ein Richter fähig sein, sie im Gerichtssaal richtig auszulegen.

 Beim Amtsantritt veröffentlichte der Richter ein *edictum* mit seiner Auslegung der Gesetze; er stützte sich dabei auf die Praxis seines Vorgängers.

 Die Urteile wurden samt ihrer Begründung niedergeschrieben und erläutert. Die Gesetzbücher enthielten so außer den Gesetzen auch Kommentare.

 Da die Statthalter jeweils örtliches Recht mitbedachten, galten in jeder Provinz etwas andere Gesetze.

## Kaiserliches Recht

In der Kaiserzeit änderte sich die Praxis. Nun erließ der Kaiser neue Gesetze.

Auch Gesetze, die der Senat verabschiedete, mußte der Kaiser bestätigen.

Die Richter gaben immer noch ein *edictum* heraus, doch war ihre Macht reduziert.

 Hadrian schließlich vereinheitlichte alle regionalen Edikte und beauftragte den Juristen Julianus Salvius mit der Zusammenstellung der Gesetze.

 Augustus ließ das Gesetzeswerk dann von angesehenen Juristen begutachten. Diesen Richtlinien hatten die Richter zu folgen; sie durften ein Gesetz nicht mehr abändern oder auslegen.

Nach Hadrians Reform galt für alle Bürger gleiches Recht. 212 n. Chr. erhielten die Freien im Kaiserreich das Bürgerrecht; somit galt für alle Römer römisches Recht.

Jeder römische Bürger konnte in Rom Berufung einlegen, wenn er sich zu Unrecht angeklagt oder verurteilt fühlte.

In der Republik wurde selten die Todesstrafe verhängt; in der Kaiserzeit dagegen waren Kreuzigung, Auspeitschen bis zum Tod, Köpfen und Ertränken als Strafen verbreitet.

Viele zum Tode verurteilte *humiliores* mußten bei öffentlichen Spielen entweder als Gladiatoren kämpfen oder wurden wilden Tieren vorgeworfen (siehe Seite 61).

Andere schickte man als Ruderer auf die Galeeren oder in Bergwerke, wo viele Gefangene durch Überanstrengung, Krankheit und brutale Behandlung umkamen.

# Die späte Kaiserzeit

Nach Marcus Aurelius (siehe Seite 25) nahmen die politischen Schwierigkeiten zu; mehrere Nachfolger waren brutal und unfähig, die Soldaten rebellierten. Die Prätorianer erstarkten immer mehr und setzten Kaiser ein oder ab, ohne den Senat zu fragen. Durch den ständigen Wechsel der Herrscher wurde das Reich instabil. Es fehlte die ordnende Hand.

## Commodus (180-192 n. Chr.) und Pertinax (192 n. Chr.)

Aurelius setzte seinen Nachfolger nicht mehr nach Art der Adoptivkaiser (siehe Seite 25) ein, sondern berief seinen Sohn Commodus. Dieser schloß zwar mit den Barbaren Frieden, aber er vernachlässigte die Bedürfnisse des Reiches in unverantwortlicher Weise.

192 n. Chr. wurde er ermordet. Sein Nachfolger Pertinax wurde schon nach drei Monaten von den Prätorianern getötet, die den Thron versteigerten. Sieger blieb Didius Julianus.

## Didius Julianus (192 n. Chr.) und Septimius Severus (193-211 n. Chr.)

Mehrere Grenzstreitkräfte neideten der Prätorianergarde die Macht. Sie wählten mit Septimius Severus einen eigenen Kaiser. Er marschierte nach Rom und setzte Julianus ab. 14 Jahre lang vermochte Severus die Barbaren von den Grenzen fernzuhalten, doch mußte er wegen der hohen Militärausgaben sogar die Römer in Italien besteuern.

## Caracalla (211-217 n. Chr.)

Severus' Sohn Caracalla erhöhte erneut den Sold für die Soldaten und bezahlte die Barbaren, damit sie sich von den Grenzen fernhielten. Sein Name ist vor allem wegen der Thermen, die er in Rom errichtete, bekannt. Um die Anzahl der Steuerpflichtigen zu erhöhen, verlieh er 212 n. Chr. allen freien Männern im Reich das Bürgerrecht. Caracalla wurde von seinem Prätorianerpräfekten umgebracht, der die Macht an sich riß, bis er selbst ermordet wurde.

**Büste des Caracalla**

## Elagabalus (218-222 n. Chr.)

Elagabalus wurde mit fünfzehn Jahren Kaiser. Die Prätorianer ermordeten ihn und machten seinen Vetter Alexander zum Kaiser.

## Severus Alexander und Julia Mamaea (222-235)

Da Alexander erst dreizehn war, regierte seine Mutter Julia Mamaea für ihn. Sie brachte das Heer unter Kontrolle und übertrug einer kleinen Gruppe von Senatoren die Leitung des Reiches. Lehrer und Gelehrte erhielten eine Unterstützung, ebenso Vermieter, die ihr Eigentum instandsetzten. Unter Julia herrschte Frieden, doch fielen nach zwölf Jahren Barbaren an der Ostgrenze ins Reich ein. Bei einer Rebellion des Heeres wurden Alexander und Julia ermordet.

## Anarchie (235-284)

Nun herrschte Chaos. Der Thron fiel an den Heerführer Maximinus Thrax (der Thraker), der kaum Latein konnte und nie in Rom gewesen war. Bürgerkriege erschütterten das Reich. Die Streitkräfte ernannten über fünfzig Herrscher. Weite Gebiete des Reiches verfielen durch Hunger, Seuchen und Invasionen. Die Preise stiegen, die Steuern lasteten schwer; viele Menschen schlossen sich kriminellen Banden an. Als die Wirren schließlich vorbei waren, lag das Reich darnieder.

## Diokletian (284-305)

Diokletian war General an der Donau, als er 284 von seinen Truppen zum Kaiser ausgerufen wurde. Er vergrößerte das Heer und übertrug ihm die Verwaltung des Reiches. Da er ehrgeizige Offiziere fürchtete, erhöhte er zwar die Anzahl der Generäle, unterstellte ihnen jedoch weniger Soldaten. Diokletian teilte auch die Provinzen in kleinere Gebiete auf: zuerst 70, dann 116. Dies erleichterte die Verwaltung. Außerdem stellte er mehr Zivilbeamte ein.

Seine einschneidendste Maßnahme war aber die Teilung des Reiches. Die beiden Hälften erhielten je einen *augustus* und einen *caesar*. Diokletian wurde *augustus* im Osten und residierte in Nikomedia. 286 wurde der Feldherr Maximian *augustus* des Weströmischen Reiches.

Diese Statue versinnbildlicht die neue Art der Führung.

Diese Karte zeigt die Teilung des Reiches.

Westliche Hälfte
Östliche Hälfte

Damit Preise und Löhne stabil blieben, legte Diokletian Höchstpreise für Waren und Arbeit fest. Dies ließ sich aber nicht durchsetzen. Außerdem machten die Kosten für die Verteidigung des Reiches ständig Steuererhöhungen nötig. Deshalb wurden die Bürger alle fünf Jahre neu eingeschätzt. Anfangs mußten sie nur während der Schätzung auf ihrem Land bleiben; später blieben sie als Kolonen (Pächter) an ihre Scholle gebunden.

Das Reich ließ sich nun zwar besser verwalten, doch war die Freiheit der Menschen eingeschränkt. Das Heer sorgte dafür, daß die Gesetze befolgt wurden, und es gewann an Macht.

Das Heer konnte zwar den Kaiser nicht mehr so leicht absetzen, doch hatte es mehr Macht über die einfachen Leute. Der Senat verlor seine Macht und war nur noch Stadtrat von Rom.
Diokletian hatte sich zum Gott erklärt und war unantastbar. Er hatte die Regierungszeit eines *augustus* auf zwanzig Jahre begrenzt; er und Maximian traten deshalb 305 zurück. Diokletian zog sich in einen Palast in Spalatum (Split) zurück.

Palast des Diokletian

Die beiden *caesares* sollten die Nachfolge antreten, doch mischte schon bald wieder das Heer mit. Erneut versuchten die Streitkräfte einen Kaiser nach eigener Wahl einzusetzen. 311 gab es vier Bewerber für den Thron.

## Konstantin (312-337)

Konstantin war einer von ihnen. 312 marschierte er mit seinen Truppen von Britannien nach Rom und besiegte seinen Hauptrivalen Maxentius an der Milvischen Brücke. Konstantin soll vor der Schlacht ein Kreuz am Himmel mit der Inschrift *In hoc signo vinces* (In diesem Zeichen wirst du siegen) gesehen haben. Nach seinem Sieg duldete er alle Religionen, auch die Christen, die unter Diokletian hart verfolgt worden waren.

Konstantin übernahm das christliche Symbol, das auf diesem Grabstein zu sehen ist; die Anfangsbuchstaben des griechischen Namens für Christus: *chi* ($\chi$) und *ro* ($\rho$).

Konstantin einte das Reich wieder. Nach dem Sieg über die Rivalen wurde er 323 alleiniger Herrscher. Er gewährte den Christen volle Religionsfreiheit und verlieh ihnen sogar bestimmte Privilegien. 337 trat er auf dem Sterbebett auch formal zum Christentum über. Er wollte als Stellvertreter des christlichen Gottes verehrt werden und nahm an religiösen Disputen teil. Er übertrug damit den Grundgedanken der Staatsreligion, daß der Kaiser göttliche und damit religiöse Autorität besitze, auf das Christentum.
Mit einer neuen Hauptstadt wollte er Rom an Pracht übertreffen. 330 zog er mit seinem Hofstaat nach Byzanz, einer ehemaligen griechischen Kolonie am Eingang des Schwarzen Meeres. Er nannte die Stadt Konstantinopel (Istanbul). Sie blieb über tausend Jahre Hauptstadt des Oströmischen Reiches.
In religiösen Fragen war Konstantin tolerant, im übrigen regierte er autoritär. Die Sicherheit des Reiches beruhte auf großen Heeren. Tausende von Zivilbeamten mußten Steuern eintreiben. Die Arbeiter wurden immer fester an ihr Land und ihren Beruf gebunden. Doch selbst diese Maßnahmen konnten den wirtschaftlichen Ruin und den Einfall der Barbaren nicht aufhalten (siehe Seite 78).

Dieser Kopf Konstantins gehörte zu einer über 10 m hohen Statue, die vermutlich angebetet wurde.

### Wichtige Jahreszahlen

**180-192 n. Chr.:** Commodus
**192 n. Chr.:** Pertinax, Didius Julianus
**193-211 n. Chr.:** Septimius Severus
**211-217 n. Chr.:** Caracalla
**218-222 n. Chr.:** Elagabalus
**222-235 n. Chr.:** Severus Alexander und Julia Mamaea
**235-238 n. Chr.:** Maximinus Thrax
**238-284 n. Chr.:** Anarchie, Bürgerkriege
**284 n. Chr.:** Diokletian übernimmt die Macht.
**286-305 n. Chr.:** Maximian herrscht im weströmischen Reich, Diokletian im oströmischen.
**293 n. Chr.:** Galerius und Constantius werden Caesaren; Festlegung eines neuen Regierungssystems.
**305-312 n. Chr.:** Machtkämpfe
**312-337 n. Chr.:** Konstantin einigt 324 Ost und West.

# Das Reich nach Konstantin

Nach Konstantins Tod wurde das Römische Reich unter seine drei Söhne aufgeteilt, es kam aber schon bald zu Machtkämpfen. Der dritte Sohn, Constantius II., einte nach dem Tod seiner Brüder das Reich erneut. Er starb im Jahr 361.

Sein Nachfolger Julian (361-363) trägt den Beinamen Apostata (der Abtrünnige). Julian setzte die alten römischen Götter wieder ein und öffnete ihre Tempel. Zwar wurde das Christentum nicht verboten, doch standen die Verehrer der alten Götter höher in Julians Gunst.

Julian arbeitete hart und war sehr gewissenhaft. Er verringerte das Personal im Palast und gab im ganzen Reich den Stadträten die Eigenständigkeit zurück. Unter seinem Nachfolger Jovian (363-364) erlangte das Christentum wieder seine frühere Stellung.

Bald wurden die Grenzen des Reiches durch Einflüsse von außen erschüttert. Die Hunnen zogen aus dem Osten Asiens westwärts und durchquerten dabei Gebiete anderer Stämme, die vor ihnen Richtung Westen auswichen. 367 gründeten die Westgoten, Vandalen und Sueben auf römischem Territorium eigene Königreiche. Diese Invasion ließ sich nicht verhindern, da Rom wegen dauernder Machtkämpfe zu schwach war.

Karte der Völkerwanderungen um 367 n. Chr.

## Theodosius (379-395)

Während dieser Wirren übernahm Theodosius 379 die Macht. Da er die Barbaren aus Germanien nicht vertreiben konnte, schloß er mit ihnen einen Vertrag. Der sicherte Schutz, solange sie Rom Soldaten und Landarbeiter zur Verfügung stellten. Germanische und später sogar hunnische Truppen wurden ins römische Heer übernommen. Vielen Römern gefiel dies nicht. Da sie selbst aber wenig Neigung hatten, ins Heer einzutreten, war es unerläßlich.

Dieses Relief aus Silber zeigt Theodosius in Amtstracht.

Barbarische Soldaten

Theodosius kämpfte gegen den Zerfall des Reiches. Er war der letzte Herrscher beider Reichshälften, und seine Söhne sollten gemeinsam über das Reich herrschen. Doch sie teilten es unter sich auf. Weitere hundert Jahre lang übernahm jeweils der älteste Sohn der Herrscher in Ost oder West die Regierung. Oft waren diese Kaiser aber nur an Macht und Reichtum interessiert. Die Barbaren konnten immer weiter eindringen, was den Niedergang Westroms beschleunigte.

## Honorius (395-423)

Während Honorius herrschte, erschütterten die Barbaren das Reich. 402 drangen Goten unter ihrem Führer Alarich in Italien ein. Dadurch aufgeschreckt, verlegte Honorius den kaiserlichen Hof nach Ravenna an der Adria. Ravenna entwickelte sich zu einer blühenden Stadt und blieb dies für Jahrhunderte.

Honorius auf einer Platte aus Elfenbein

Das Baptisterium der Orthodoxen ist eines der ältesten Bauwerke in Ravenna; es stammt aus dem 5. Jahrhundert n. Chr.

Während Honorius bis zu seinem Tod 423 prächtig und unbehelligt lebte, wurde das Reich von Barbaren überrannt. 409 fielen die Vandalen in Spanien ein. 410 nahm Alarich Rom ein, danach ganz Italien. Im gleichen Jahr gab Rom Britannien preis und beorderte die dortigen Legionen zur Verteidigung des Reiches zurück. Seuchen und Hunger schwächten die Bevölkerung. Vielleicht wollten die Menschen auch einfach nicht länger gegen die Barbaren kämpfen, da die römische Regierung ihnen nur Steuern auferlegte und ihre Freiheit beschnitt.

## Die Barbaren an der Macht

Die Barbaren überschwemmten Europa. Teile Galliens wurden von den Burgundern besetzt, die nördlichen Teile Germaniens von den Franken. 429 setzten die Vandalen nach Nordafrika über. 451 gelang es den Römern, den Hunnenkönig Attila aus Mittelfrankreich zu vertreiben. Es war der letzte römische Sieg.
Das Reich wurde nun ständig bedrängt. 455 fielen die Vandalen in Italien ein, eroberten und zerstörten Rom. Die Verwaltung der Stadt brach zusammen. Chaos und Hunger folgten. Roms Einwohnerzahl verringerte sich von einer Million auf 20 000. Romulus Augustulus, der letzte Kaiser Westroms, wurde 476 von Odoakar abgesetzt. Dieser germanische Feldherr herrschte von Ravenna aus über Italien. Westrom gab es nicht mehr.

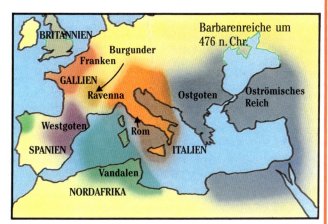

Viele Eroberer, etwa die Vandalen, waren entschlossen, alle Spuren der Römer zu tilgen. Die Burgunder dagegen zerstörten das eroberte Gebiet nicht und versuchten, die römischen Bauwerke zu erhalten, was ihnen jedoch wegen mangelnder technischer Fähigkeiten nicht immer gelang.

Die verschiedenen Stämme der Eroberer herrschten auf ihre Weise. In einigen Gebieten verfolgte man die Römer, in anderen ließ man sie in Ruhe. Da die einzelnen Stämme große Territorien nicht kontrollieren konnten, vermochte sich die römische Lebensart an manchen Orten über Jahre zu erhalten. Die Idee des Römischen Reiches, die den Römern einst so wichtig gewesen war, ging im Westen jedoch allmählich unter.

## Der Aufstieg des Christentums

Im 4. Jh. wurde die Kirche immer reicher und mächtiger. Die Gebildeten zogen den Dienst in der Kirche dem im Heer oder in der Politik vor. Die Kirche gewann Einfluß auf die Verwaltung des Reiches. Der Widerstand gegen die Barbaren ging bald mehr von der Kirche als vom Heer aus. Gleichzeitig wurden fremde Stämme für das Christentum gewonnen. Auch nach der Invasion der Barbaren blieb die Kirche sehr einflußreich.

**Dieses Mosaik zeigt den römischen Bischof Ambrosius, einen hochgeachteten Lehrer und Schriftsteller.**

Überall im Reich gründeten Christen Klöster. Dort lebten die Mönche abgesondert von der Gesellschaft nach strengen Ordensregeln. Einige Klöster wurden Bildungszentren. Die Mönche kopierten und bewahrten antike Werke. So blieben viele Werke der griechischen und lateinischen Literatur erhalten, die sonst verlorengegangen wären.

### Wichtige Jahreszahlen

**337-361:** Konstantin II., Constans und Constantius II.
**361-395:** Wechselnde Herrscher im Osten und Westen, darunter Julian Apostata und Jovian.
**379-392:** Theodosius regiert im oströmischen Reich.
**392-395:** Erneute Einigung des Reiches unter Theodosius.
**395-423:** Honorius
**402:** Der Westgote Alarich zieht nach Italien. Honorius verlegt den kaiserlichen Hof nach Ravenna.
**409:** Die Vandalen dringen nach Spanien vor.
**410:** Alarich plündert Rom (»Sacco di Roma«).
**455:** Die Vandalen erobern Italien von Afrika aus und zerstören Rom.
**476:** Romulus Augustulus, der letzte weströmische Kaiser, wird von Odoaker abgesetzt.

# Das Byzantinische Reich

Während die westliche Hälfte des Reiches zusammenbrach, hatte das östliche Reich Bestand. Dort erhielten sich viele Traditionen Westroms, unter anderem die Kunst der Verwaltung, der Heerführung und das Christentum. Ostrom ist unter dem Namen »Byzantinisches Reich« bekannt (so die ursprünglich griechische Bezeichnung für dieses Gebiet).

Konstantinopel – das Bindeglied zwischen Europa und Asien – wurde eine große, mächtige Stadt inmitten eines riesigen Reiches. Die Ostkirche wurde fast so einflußreich wie die Römische Kirche. Die Herrscher im Osten träumten beständig von der Rückeroberung des alten römischen Reiches. Byzanz entwickelte eine hohe Kultur und Kunst. Es entstanden z. B. prächtige Mosaiken mit Einlagen aus poliertem Glas, Edelsteinen und Edelmetallen.

Dieses Mosaik zeigt Theodora, Justinians Gattin, in der Kirche San Vitale in Ravenna. Ravenna war Stützpunkt der Ostkirche in Italien.

## Justinian (527-565)

Justinian gehört zu den bedeutendsten Kaisern Ostroms. Seine Heere eroberten einen Großteil des römischen Territoriums im Westen zurück. Die Kosten waren enorm, denn die Gebiete waren häufig heruntergekommen. Den Einwohnern war es gleichgültig, wer sie regierte. Außer Süditalien gingen alle von Justinian zurückgewonnenen Gebiete innerhalb eines Jahrhunderts wieder verloren.

Justinian schuf ein neues Rechtssystem auf der Grundlage des römischen Rechts (Seite 74-75), das zur Grundlage des Rechts in ganz Westeuropa geworden ist. Außerdem ließ er Konstantinopel ausbauen und verschönern; dazu gehörte auch die Errichtung der Hagia Sophia (534-537). Sie war jahrhundertelang die größte Kirche der christlichen Welt.

Diese Rekonstruktion zeigt die Hagia Sophia in byzantinischer Zeit.

## Das späte Byzanz

Das Oströmische Reich blieb über Jahrhunderte mächtig, doch lösten sich die Verbindungen zu Rom immer mehr. Griechisch wurde offizielle Sprache. Die Ostkirche und die Römisch-katholische Kirche trennten sich. Die Ostkirche ist die Vorläuferin der heutigen Griechisch- und Russisch-orthodoxen Kirchen.

Das Reich mußte sich schon bald gegen den Vormarsch des Islam behaupten. Diese Religion wurde vom Propheten Mohammed (um 570-632) in Mekka (Arabien) gestiftet. Hundert Jahre nach Mohammeds Tod war ein Großteil des Römischen Reiches von den Anhängern dieser Religion, den Moslems, erobert. Das Byzantinische Reich wurde allmählich kleiner. Zuletzt bestand es nur noch aus Thrakien und dem Peloponnes. Konstantinopel wurde von verschiedenen Seiten angegriffen und hatte zuletzt kaum noch politische Macht. 1453 wurde die Stadt vom moslemischen Heer des türkischen Sultans Mehmet II. erobert. Dieses Ereignis gilt vielen Historikern als das politische Ende des Römischen Reiches.

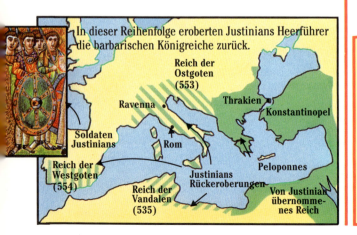

### Wichtige Jahreszahlen

**491-518:** Anastasius I. Er gilt als erster byzantinischer Kaiser.
**527-565:** Justinian
**528-534:** Kodifizierung des römischen Rechts *(Codex Justinianus)*.
**535:** Justinian erobert das Vandalenreich in Nordafrika.
**553:** Justinian erobert das Reich der Ostgoten in Italien.
**555:** Justinian erobert das Reich der Westgoten in Spanien.
**1453:** Sultan Mehmet II. erobert Konstantinopel.

# Worterklärungen

In diesem Verzeichnis werden viele lateinische Wörter erklärt, aber auch einige deutsche Ausdrücke, die nicht geläufig sind.

**Aedilis** Staatsbeamter. Jedes Jahr wurden vier Senatoren zu *aediles* gewählt. Sie waren für die Aufsicht von Märkten, Straßen und öffentlichen Gebäuden verantwortlich und organisierten öffentliche Spiele.

**Amphitheater** Ein rundes oder ovales Bauwerk, in dem Gladiatorenkämpfe stattfanden oder wilde Tiere vorgeführt wurden. Die ersten Amphitheater waren aus Holz; später wurden im ganzen Reich Theater aus Stein errichtet.

**Amphora** Großes Gefäß mit zwei Henkeln. *Amphorae* wurden zum Transport und zur Aufbewahrung von Öl und Wein benutzt.

**Aquädukt** Kanal oder Röhre als Wasserleitung. In Rom und anderen Städten des Reiches gab es eine hervorragende Wasserversorgung. Das Wasser floß aus Quellen oder Flüssen durch ein Röhrensystem in die Stadtzentren. Die Röhren verliefen entweder unterirdisch oder waren in große Brücken eingebaut. Diese Brücken hießen ebenfalls Aquädukte, zum Beispiel der Pont du Gard in Frankreich.

**Atrium** Innenhof eines *domus* (siehe dort), von dem aus alle übrigen Räume zu erreichen waren.

**Augustus** Kaiserlicher Titel. Als Oktavian 27 n. Chr. Alleinherrscher wurde, nahm er als erster diesen Titel an. Unter den Adoptivkaisern (seit Nerva) erhielt jeder neue Herrscher diesen Titel. Als *augustus* bestimmte der Kaiser einen *caesar* (siehe dort). Die beiden regierten bis zum Tod des *augustus* gemeinsam.

**Barbaren** Diese Bezeichnung galt grundsätzlich für alle Völker außerhalb des Römischen Reiches. Die Römer hielten sie für brutal und unkultiviert, weil sie nicht nach römischer Lebensart lebten. Das Reich brach unter anderem durch das Eindringen dieser »barbarischen« Stämme zusammen.

**Basilika** Großes, öffentliches Gebäude, das häufig nahe dem *forum* einer römischen Stadt lag. Sie diente als Gerichts- und Verwaltungssitz, beherbergte aber auch Läden.

**Bulla** Ein Amulett, das jedes römische Kind bei der Geburt zum Schutz vor bösen Geistern erhielt.

**Bürger** Das Bürgerrecht war die Voraussetzung, um wählen und Heeresdienst leisten zu dürfen. Anfangs erhielt das Bürgerrecht nur, wer in Rom als Kind römischer Eltern zur Welt kam. Als das Reich größer wurde, erhielten immer mehr Menschen das Bürgerrecht. 212 n. Chr. wurde es schließlich allen Männern im Reich (außer Sklaven) verliehen.

**Burgunder** Volksstamm aus Nordeuropa, der um 406 n. Chr. in das Römische Reich eindrang und in der Provinz Germania ein Reich gründete.

**Caesar** Titel des Herrschers, den der Adoptivkaiser als *augustus* (siehe dort) jeweils zu seinem Nachfolger bestimmte. Der *caesar* trug den Titel, bis er selbst die Macht und den Titel *augustus* übernahm; dann bestimmte er einen *caesar*.

**Campus Martius** Marsfeld, dem Kriegsgott Mars geweiht. Ein freier Platz in Rom, auf dem sich in der Frühzeit der Republik das römische Heer vor einem Feldzug versammelte.

**Censor** Beamter. Alle fünf Jahre wurden für 18 Monate zwei *censores* gewählt. Während dieser Zeit überprüften sie die Senatsmitgliedschaften und handelten Verträge für öffentliche Vorhaben aus.

**Census** Schätzung der Bevölkerung, auch Volkszählung. Die römische Regierung schätzte die Bewohner aufgrund von statistischen Erhebungen und anderen Informationen für die Besteuerung ein.

**Christentum** Eine Religion, die von den Nachfolgern des Propheten Jesus von Nazareth (um 5 v. Chr. bis 29 n. Chr.), den man später Jesus Christus nannte, gegründet wurde. Die Lehre verbreitete sich rasch im ganzen Römischen Reich, obwohl man die Christen anfangs heftig verfolgte. Das Christentum wurde schließlich im 4. Jh. Staatsreligion.

**Consul** Höchster Regierungsbeamte. Jedes Jahr wurden zwei *consules* gewählt, die Beschlüsse des Senats durchführten und das Heer befehligten.

**Contubernium** Einheit des römischen Heeres; bestand aus acht Soldaten, die zusammen aßen und in einem Zelt wohnten.

**Denarius** Römische Münze. In der Frühzeit der Republik bestanden die *denarii* aus 4 g Silber.

**Diktator** In Krisenzeiten, etwa während eines Krieges, konnte der Senat für höchstens sechs Monate einen Diktator bestimmen. Er hatte die absolute Gewalt über alle Ämter und das Heer und entschied alle wichtigen militärischen und politischen Angelegenheiten.

**Domus** Privathaus, in dem gewöhnlich eine Familie wohnte.

**Equites** Ritter; eine Klasse römischer Bürger. Die Ritter waren Abkömmlinge der ersten römischen Reiteroberste. In der Spätzeit der Republik stellten sie die mächtige Mittelklasse von Geschäftsleuten, Händlern und Bankiers dar.

**Etrusker** Vermutlich aus Kleinasien stammendes Volk, das um 800 v. Chr. nach Italien einwanderte. Das Gebiet in Nordwest- und Mittelitalien, wo sie sich niederließen, ist die heutige Toskana (das heißt »Land der Etrusker«). Anfänglich wurde Rom von etruskischen Königen regiert.

**Forum** Freier Platz im Zentrum einer römischen Stadt, auf dem Märkte stattfanden und wo sich das öffentliche Leben in der Hauptsache abspielte.

**Freigelassener** Sklave, der von seinem Herrn freigelassen wurde.

**Gallier** Volksstamm der Kelten (siehe dort), der um 500 v. Chr. weite Teile des heutigen Frankreich bis zum Rhein und im Süden bis zu den italienischen Alpen besiedelte. Ihre Gebiete wurden zu den Provinzen Gallia Cisalpina, Gallia Narbonensis und Gallien.

**Gemme** Miniaturbild, das in einen Halbedelstein eingeschnitten wird (siehe auch Kamee).

**Goten** Volksstamm, der zu Beginn des 1. Jh. n. Chr. von Skandinavien südwärts wanderte und sich um 200 nördlich des Schwarzen Meeres niederließ. Von hier aus griffen sie ohne Erfolg die Römer in Kleinasien an. Kurz darauf teilten sie sich in West- und Ostgoten.

**Hades** Ursprünglich griechischer Gott der Unterwelt. Bei den Römern auch der Ort, wohin die Seelen der Verstorbenen gelangten. Der Fährmann Charon ruderte die Seelen auf ihrem Weg in den Hades über den mythischen Fluß Styx.

**Hunnen** Volksstamm, der im 4. Jh. n. Chr. von Ostasien nach Westen zog und dabei in das Gebiet der Ostgoten, Westgoten und Vandalen (siehe dort) einfiel. Diese Stämme wichen auf der Flucht vor den Hunnen nach Westen in das Römische Reich aus.

**Hypocaustum** Zentrales Heizsystem. Die Gebäude hatten Hohlräume zwischen Innen- und Außenwänden sowie unter dem Fußboden. Von den Feuerstellen aus strömte die Wärme in diese Zwischenräume.

**Imperium** Der lateinische Ausdruck für Kaisertum. Anfangs bedeutete das Wort lediglich »Befehl«, dann »Herrschaft« und schließlich »Reich«.

**Insula** Mietskaserne, unterteilt in einzelne Wohnungen, die der Eigentümer vermietete. Die einzelne Wohnung hieß *cenaculum*.

**Kaiser** Oberster Herrscher über das gesamte Römische Reich. Als erster Kaiser gilt Augustus, der 27 v. Chr. nach dem Zusammenbruch der Republik die Macht übernahm. Die Zeit danach wird als Kaiserzeit bezeichnet.

**Kamee** Miniaturbild, das auf einem Halbedelstein erhaben hervortritt (siehe auch Gemme).

**Karthago** Stadt an der nordafrikanischen Küste, die 814 v. Chr. von den Phöniziern gegründet wurde. Die zunehmende Macht Karthagos in Sizilien löste die drei Punischen Kriege aus.

**Kelten** Volksstämme, die Nord- und Westeuropa bewohnten. Dazu gehörten auch die Gallier (siehe dort) und die Helvetier. In der Frühzeit der Republik griffen die Kelten Rom immer wieder an; zur Zeit Caesars waren die meisten Stämme jedoch schon unterworfen.

**Kohorte** Eine Einheit des römischen Heeres. Nach der Reform des Marius wurde die Kohorte die wichtigste taktische Einheit. Jede Legion bestand aus zehn Kohorten; eine davon umfaßte zehn Zenturien (mit jeweils 480 Soldaten), die übrigen umfaßten sechs. Anführer der Kohorte war der *tribunus militum*.

**Lararium** Ein Altar, der im *atrium* (siehe dort) oder Garten eines *domus* (siehe dort) stand. Hier befanden sich Statuen der Hausgötter. Dort betete die Familie täglich.

**Latiner** Volksstamm aus Zentraleuropa, der um 2000 v. Chr. nach Italien einwanderte und in der Ebene von Latium (ein flacher Landstrich an der Westküste Italiens um Rom) siedelte.

**Legatus** Römischer Beamter, der während der Zeit der Republik in den Provinzen im Dienst des Prokonsuls stand. In der Kaiserzeit befehligten die *legati* die Legionen, waren als militärische oder politische Berater oder auch in der Verwaltung tätig.

**Legion** Eine Einheit des römischen Heeres, deren Größe schwankte. Anfangs soll sie 3 000 Mann umfaßt haben; im 4. Jh. v. Chr. bereits 4 200. Nach der Heeresreform des Marius gehörten ihr 5 000 Mann an. Auch die Anzahl der Legionen veränderte sich. In der ausgehenden Republik gab es 60, unter Augustus nur noch 28; danach immer etwa 30 Legionen.

**Ludi** Spiele; allgemeine Bezeichnung für sportliche Ereignisse, öffentliche Spiele und Theaterveranstaltungen. Häufig fanden die *ludi* an religiösen Festen, bei Begräbnissen oder Siegesfeiern statt.

**Mosaik** Bild oder Ornament, das aus Steinchen, Glasstücken und glasierten Tonscherben zusammengesetzt wurde.

**Nomaden** Menschen ohne festen Wohnsitz, die von einem Ort zum andern ziehen.

**Ostgoten** Ein Teil der Goten, die im 3. und 4. Jh. nördlich des Schwarzen Meeres ein großes Reich gründeten. Von den Hunnen 370 überrannt, flohen sie nach Westen. Ab 455 lebten sie auf dem Balkan. Unter der Führung von Theoderich überfielen sie 489 Italien. Theoderich setzte den Germanen Odoaker ab und machte sich zum König.

**Paedagogus** Sklave, häufig ein Grieche, der römische Kinder in der Schule betreute.

**Papyrus** Schilf, aus dem Schreibmaterial (Papier) gemacht wurde. Man schnitt es in Streifen, die gepreßt, getrocknet und geglättet wurden.

**Patrizier** Führende Klasse römischer Bürger, die von den ältesten Adelsgeschlechtern abstammten. Anfangs konnten nur Patrizier Senatoren (siehe dort) werden, die alle wichtigen politischen, religiösen und rechtlichen Angelegenheiten bestimmten.

**Peristylium** Säulenumgang um ein Gebäude oder einen Platz, auch Säulenreihe entlang eines Weges oder um einen Garten.

**Phönizier** Volk, das seit etwa 1200 v. Chr. im östlichen Mittelmeerraum (heute Libanon) lebte. Sie waren hervorragende Händler und Seefahrer, die viele Mittelmeerinseln und Teile Nordafrikas besiedelten. Ihre bedeutendste Kolonie war Karthago (siehe dort).

**Plebejer** Die ärmste Schicht der Bürger in Rom. Die Plebejer sollen von den ersten römischen Bauern und Händlern abstammen.

**Praetor** Beamter. Nach Abschaffung des Königtums traten zwei Prätoren an seine Stelle. Später übernahmen diese Aufgabe die *consules* (siehe dort). Der Titel *praetor* bezog sich nun auf Richter und Verwaltungsbeamte, die jährlich gewählt wurden, außerdem auf die Statthalter in einigen Provinzen.

**Prätorianer** Eine Truppe von 9 000 Mann, die Augustus geschaffen hatte. Die Prätorianer dienten dem Kaiser und Italien zum Schutz, da außer ihr keine weiteren Bewaffneten in Rom stationiert waren. Sie wurden im Laufe der Zeit sehr mächtig.

**Prokonsul** Nach einer einjährigen Amtszeit als *consul* wurde man vom Senat als Prokonsul (Statthalter) in eine Provinz geschickt.

**Provinz** Seit Rom sich ausdehnte, war dies die Bezeichnung für jedes Gebiet außerhalb der Stadt Rom (später außerhalb Italiens), das von den Römern mit Hilfe von Statthaltern beherrscht wurde.

**Punische Kriege** In Abständen fanden zwischen 264 und 146 v. Chr. drei Kriege zwischen Rom und Karthago statt. Das Wort Punisch kommt vom lateinischen Wort *punicus* für Phönizier.

**Quaestor** Jedes Jahr wurden zwanzig *quaestores* als Finanzverwalter gewählt.

**Republik** Staat oder Land ohne König(in) oder Kaiser(in). Eine Republik wird von gewählten Vertretern des Volkes regiert. Anfang des 6. Jahrhundert v. Chr. wurde Rom Republik, nachdem der letzte etruskische König verjagt worden war. Bis zu Oktavians Prinzipat 27 v. Chr. blieb Rom trotz gelegentlicher Diktaturen Republik.

**Senat** Rat, der Rom regierte. Anfangs bestand der Senat aus rund 100 Patriziern; 82 v. Chr. gab es 600 Senatoren aus allen Klassen der Bürger. Der Senat entschied über die wichtigen politischen, militärischen und rechtlichen Angelegenheiten im Interesse Roms und des Reiches. Doch er verlor immer mehr an Einfluß. Nach Diktaturen und Bürgerkriegen übernahm Oktavian 27. v. Chr die Macht. In der Kaiserzeit nahm der Einfluß des Senats ab, da die Kaiser immer mehr Macht an sich rissen.

**Sklave** Person, die einer anderen Person gehört und für sie arbeitet. In Rom waren nur wenige Römer unter den Sklaven. Die meisten waren Kriegsgefangene und ihre Nachkommen. Sie gehörten Bürgern oder dem Staat und wurden wie anderes Eigentum ge- und verkauft. Sie waren rechtlos und mußten jede Arbeit ausführen.

**Terrakotta** Mischung aus Ton und Sand, woraus unter anderem Kacheln und kleine Figuren gemacht werden. Die Oberfläche dieser Gegenstände wurde mit einer Tonaufschlämmung verschönt.

**Toga** Das offizielle Kleidungsstück des römischen Bürgers, ein halbkreisförmiges Stück Wollstoff, das in Falten um den Leib gelegt wurde. Sie war meistens weiß; die *toga* der Senatoren wies einen Purpurstreifen auf. Knaben trugen eine purpursäumte Toga, die *toga praetexta*.

**Vandalen** Volk aus Skandinavien, das am Ende des 1. Jh. n. Chr. Richtung Süden aufbrach. Um 200 siedelten die Vandalen im Südwesten der Donau, 406 flohen sie vor den Hunnen westwärts, überquerten den Rhein und verwüsteten große Teile Galliens. 409 fielen sie in Spanien ein. Ein Teil ließ sich dort nieder, der Rest zog nach Nordafrika weiter. Von dort aus fuhr ihre Flotte nach Italien, wo sie 455 Rom zerstörten.

**Viadukt** Straßenbrücke, die über ein Tal oder einen Fluß führt.

**Villa** Großes Landgut. Es gehörte meist einem Stadtbewohner, der nur zeitweilig dort lebte, und wurde von einem Verwalter betreut. Viele Villen bildeten landwirtschaftliche oder handwerkliche Zentren.

**Volkstribun** Dieser Beamte wurde von den Plebejern als Vertreter im Senat zum Schutz ihrer Interessen gewählt. 494 v. Chr. wurden in der ersten Volksversammlung zwei Tribune gewählt; später gab es zehn. Sie konnten gegen jede Entscheidung des Senats und gegen jedes Gesetz ihr *veto* (»ich verbiete«) einlegen, falls es die Rechte der Plebejer einschränkte.

**Volksversammlung** Zusammenkunft römischer Bürger in Rom. Sie wurde zu verschiedenen Zwecken abgehalten: zur Wahl von Beamten, Verabschiedung oder Bestätigung von Gesetzen und zur Abstimmung über Krieg und Frieden. Die Plebejer hielten ihre eigene Volksversammlung ab, von der die Patrizier ausgeschlossen waren. Hierbei wählten sie die Volkstribunen.

**Westgoten** Gotischer Volksstamm, der im 3. Jahrhundert n. Chr. in Dacia siedelte. 376 überquerten sie auf der Flucht vor den Hunnen die Donau und zogen nach Moesia. Unter der Führung Alarichs durchquerten sie Griechenland und Italien und nahmen 410 Rom ein. Sie zogen über Gallien nach Spanien, wo sie ein Königreich gründeten, das bis ins 8. Jahrhundert bestand. Mittelpunkt ihres Königreichs war Toledo.

# Persönlichkeiten im alten Rom

Dieses Verzeichnis enthält Angaben über das Leben und die Tätigkeit berühmter Persönlichkeiten im alten Rom.

**Agrippina** (15-49 n. Chr.) Mutter Neros. Da sie in etliche politische Intrigen verwickelt war, wurde sie 39 n. Chr. aus Rom verbannt. Ihr Onkel Claudius erlaubte ihr die Rückkehr; die beiden heirateten 49 n. Chr. Sie machte sich für die Adoption Neros stark, ihren Sohn aus einer früheren Ehe. Später soll sie Claudius vergiftet haben, um Nero zum Kaiser zu machen. Als sie sich Neros Heirat mit Poppaea Sabina widersetzte, ließ Nero sie umbringen.

**Augustus** (27 v. Chr.-14 n. Chr.) Dieser Titel wurde 27 v. Chr. von Oktavian angenommen, als er als *princeps* (Erster) wie ein Kaiser regierte. Oktavian war der Großneffe und Adoptivsohn von Julius Caesar. Nach Caesars Tod bildete er mit Marcus Antonius und Lepidus ein Triumvirat (Dreimännerherrschaft); die drei übernahmen die Macht und besiegten 42 v. Chr. Brutus und sein Heer. Nach dem Rücktritt des Lepidus teilten Oktavian und Antonius das Römische Reich unter sich auf. Nach ihrem Zerwürfnis besiegte Oktavian Antonius in der Schlacht von Actium 31 v. Chr.
Nach den jahrelangen Bürgerkriegen wollte der Senat einen starken Herrscher für Rom haben. In der Folge wurde Oktavian der Oberbefehl über das Heer, die alleinige Macht in der Außenpolitik sowie die Befugnis, die römische Verwaltung zu reformieren, übertragen. Er erhielt den Titel Augustus (der »Erhabene«).
Da Augustus eng mit dem Senat zusammenarbeitete, brachte er Rom nach Jahren der Bürgerkriege endlich Frieden und Wohlstand. Er gestaltete das Heer um und befriedete die Provinzen. In Rom begann eine rege Bautätigkeit; außerdem besserte sich das Los der Armen. Nach der Schrift des Historikers Sueton war Augustus so gerecht und ehrlich, daß der Gedanke an die Wiederherstellung der Republik allmählich immer mehr in Vergessenheit geriet.

**Brutus** (85-42 v. Chr.) Politiker, Anführer der Verschwörung zur Ermordung Caesars. Er war ein berühmter Heerführer und überzeugter Anhänger der römischen Republik, dem Caesar zu mächtig wurde. Deshalb ermordeten er und etliche andere Caesar im Jahre 44 v. Chr. Darauf floh Brutus nach Makedonien. Schließlich wählte er den Freitod.

**Caesar, Julius Gaius** (um 100-44 v. Chr.) Politiker, Heerführer und Schriftsteller. Er kam in Rom zur Welt und wurde in Rom und auf Rhodos erzogen. Als er 68 v. Chr. seine politische Laufbahn antrat, hatte er sich schon als Heerführer hervorgetan. Von 58 bis 49 v. Chr. befehligte er ein Heer in Gallien und Illyrien. Er erweiterte das römische Reich bis zum Atlantik und Ärmelkanal. Caesar beschreibt diese Ereignisse in den sieben Büchern »De bello Gallico« (Der gallische Krieg). 49 v. Chr. kehrte Caesar wegen Auseinandersetzungen mit Pompeius und dem Senat nach Italien zurück. Sein Heer unterstützte ihn. Nach dem Sieg über seine Gegner wurde er der mächtigste Mann in Rom. Dies beschreibt er in seinem Buch »De bello civili« (Der Bürgerkrieg). Er wurde Diktator auf Lebenszeit. Obwohl Caesar sehr beliebt war, hielten ihn viele Senatoren für zu mächtig. Es kam zu einer Verschwörung unter der Führung von Brutus. Am 15. März 44 v. Chr. wurde Caesar ermordet.

**Caligula**, siehe **Gaius**

**Cato** (234-149 v. Chr.) Politiker und Schriftsteller. Er kämpfte im 2. Punischen Krieg, verteidigte die Positionen in Sizilien, Afrika und Sardinien. 184 v. Chr. war er Zensor. Cato glaubte an die römische *virtus* (Tugend) der Zeit, da Rom noch halbbäuerliche Siedlung gewesen war: Bescheidenheit, Würde und einfaches Leben. Diese Tugenden beschreibt er in seinem Buch »De agri cultura«, dem ältesten Werk in lateinischer Prosa. Außerdem schrieb er unter dem Titel »Origines« eine Geschichte Roms von den Anfängen an. Sein Urenkel war als Politiker einer der erbittertsten Gegner Caesars.

**Catullus** (um 84-54 v. Chr.) Dichter, der als junger Mann nach Rom kam. Er berichtet in seinen Dichtungen von den Reisen nach Asien und seiner Krankheit. Er hat Klagelieder, Parodien und gewandte Beschreibungen des römischen Alltags verfaßt. Catull war einer der ersten römischen Dichter, der die griechische Dichtung nachahmte.

**Cicero** (106-43 v. Chr.) Politiker, Schriftsteller und Jurist. Er erhielt seine Erziehung in Rom und Athen. Schon seine erste Gerichtsrede brachte ihm 81 v. Chr. die Anerkennung als größter Redner seiner Zeit. Er war ein berühmter Jurist; 63 v. Chr. wurde er Konsul. Doch er machte sich durch seine freimütigen Reden auch Feinde. Nach Caesars Ermordung griff er im Senat Marcus Antonius immer wieder scharf an. Deshalb wurde er nach der Machtübernahme von Antonius und Oktavian von Soldaten ermordet.
Aus den Reden Ciceros kann man viel über das Leben in der ausgehenden Republik entnehmen. Aus seinen Briefen und philosophischen Schriften geht hervor, daß er griechisches Gedankengut in Rom eingeführt hat. Jahrhundertelang galt seine Art zu reden und zu schreiben als vorbildlich.

**Claudius** (10 v. Chr.-54 n. Chr.) Nach dem Tod des Gaius wurde er 41 n. Chr. zum Kaiser ausgerufen. Infolge von Krankheiten in der Kindheit war er schwächlich und verkrüppelt, so daß ihn seine Verwandten für schwachsinnig hielten. Doch er war sehr intelligent; zeitgenössischen Berichten zufolge war er ein ausgezeichneter Redner, ein hervorragender Historiker (von seinen Geschichtswerken ist keines erhalten) und ein weiser, gutmütiger Herrscher.

**Crassus** (um 112-53 v. Chr.) Heerführer und Politiker. Er schlug 71 v. Chr. den Sklavenaufstand des Spartakus blutig nieder.
Im folgenden Jahr war er mit Pompeius Konsul. Im Jahr 60 v. Chr. bildete er mit Pompeius und Caesar ein Triumvirat. Crassus fiel als Prokonsul von Syrien aus in das Partherreich ein. Aufgrund seines unermeßlichen Reichtums konnte er Caesars politische Pläne unterstützen.

**Diokletian** (245-313 n. Chr.) Kaiser von 284-305. Wurde 284 von seinen Soldaten zum Kaiser ausgerufen. Er reformierte die Währung, das Steuerwesen, das Heer und die Verwaltung des Reiches. Nach der Teilung des Reiches herrschte er in Ostrom und machte Maximian zum Kaiser von Westrom. Er erhöhte die Zahl der Beamten. Sein Verwaltungssystem hielt sich jahrhundertelang.

**Domitian** (51-96 n. Chr.) Kaiser von 81-96. Er übernahm die Macht nach dem Tod seines Bruder Titus und verstärkte die Grenzbefestigungen des Reiches gegen die Barbaren. Als Förderer der Künste ließ er römische Bauwerke wieder herstellen und verschönern. Doch Domitian war ein anmaßender Herrscher, der den Senat nicht respektierte. Am Ende seiner Regierungszeit waren politische Streitigkeiten an der Tagesordnung, die er durch systematische Ermordung der Gegner zu lösen versuchte. Vermutlich wurde Domitian selbst umgebracht.

**Gaius** (12-41 n. Chr.) Kaiser von 37-41. Er wuchs in Kastellen am Rhein auf, wo sein Vater das Kommando hatte. Da er schon als Kind Soldatenstiefel (*caligae*) trug, erhielt er den Spitznamen Caligula. Sueton und andere beschreiben ihn als überheblich, grausam und zügellos. Nach vier Jahren unsteter Willkürherrschaft wurde er von den Prätorianern ermordet.

**Hadrian** (76-138 n. Chr.) Kaiser von 117-138. Er folgte seinem Verwandten und Adoptivvater Trajan auf den Thron. Als großer Feldherr verbrachte er einen Großteil seiner Regierungszeit mit dem Heer in den Provinzen, wo er Grenzwälle gegen die Barbaren errichtete (Hadrianswall). Hadrian liebte auch die Künste. Er ließ in Athen eine Bibliothek und für sich in Tibur (Tivoli) bei Rom eine prächtige Villa mit einem riesigen Garten erbauen. Um 135 gründete er zur Unterstützung von Schriftstellern und Philosophen eine Vereinigung, das Athenaeum.

**Horaz** (65-8 v. Chr.) Dichter. Er erhielt seine Erziehung in Rom und Athen, arbeitete dann als Regierungsbeamter in Rom und verfaßte Gedichte. Er freundete sich mit Vergil und mit Maecaenas, einem Förderer der Dichter, an. Maecaneas vermachte ihm ein Landgut, wo er in Muße schreiben konnte. Augustus' Anerbieten, sein Sekretär zu werden, lehnte er ab. Aus ihrem Briefwechsel geht aber hervor, daß die beiden Männer Freunde waren. Das bekannteste Werk von Horaz sind seine Oden. Das sind kurze Gedichte, zum Beispiel über die Freuden des Landlebens, über Essen und Trinken. Seine Gedichte wurden sofort sehr bekannt und gehören bis heute zur Weltliteratur.

**Julian** (332-363 n. Chr.) Kaiser von 360-363. Er führte als Kaiser wieder die alten römischen Götter ein und wandte sich gegen die nunmehr offizielle Staatsreligion, das Christentum. Er ist als »Apostata« bekannt, das heißt Abtrünniger von einer Religion. Julian verringerte seine Dienerschaft und verbesserte die Verwaltung. Seine religiösen Bestrebungen waren unpopulär. Er fiel in Persien im Kampf. Aus seinen Briefen und Schriften wissen wir einiges über das politische und religiöse Leben seiner Zeit.

**Justinian** (um 482-565 n. Chr.) Kaiser des oströmischen Reiches von 527-565. Er eroberte viele Reichsgebiete im Westen zurück, in denen die Barbaren Königreiche gegründet hatten, und faßte das römische Recht in einem Buch (Kodex) zusammen.

**Juvenal** (um 60-130 n. Chr.) Dichter, über dessen Leben fast nichts bekannt ist. Das früheste erhaltene Gedicht wurde vermutlich um 110 veröffentlicht. Juvenals Werke heißen »Satires«. Darin kritisiert der Dichter die Mängel der römischen Gesellschaft: Armut, Unmoral und Ungerechtigkeit. Die bitteren Angriffe sind mit beißendem Humor und Witz gewürzt. Vermutlich wurde er deshalb eine Zeitlang aus Rom verbannt.

**Konstantin** (um 274-337 n. Chr.) 312-337 Kaiser. Als sein Vater, Kaiser Constantius starb, stand Konstantin an der Spitze eines Heeres in England. Er kehrte nach Rom zurück und besiegte an der Milvischen Brücke seinen Rivalen Maxentius. Er verlegte den Regierungssitz von Rom in eine neue Stadt am Schwarzen Meer (Konstantinopel, heute Istanbul). Konstantin war der erste christliche Kaiser. 313 n. Chr. garantierte er im Edikt von Mailand den Christen freie Religionsausübung.

**Livia** (58 v. Chr.-29 n. Chr.) Frau des Augustus und durch eine frühere Ehe Mutter des Tiberius. Sie stammte aus einer der ältesten römischen Familien und hat Augustus stark beeinflußt. Römische Historiker beschreiben sie als klug und weise; vermutlich brachte sie Augustus gegen seinen Willen dazu, Tiberius als seinen Nachfolger zu bestimmen.

**Livius** (59 v. Chr.-17 n. Chr.) Historiker, der einen Großteil seines Lebens in Rom mit der Abfassung des umfangreichen Geschichtswerks »Ab urbe condita« über die Stadt und ihre Menschen verbracht hat. Das Werk beschreibt die Geschichte der Stadt Rom seit ihrer Gründung und wurde in Einzelbänden herausgegeben. Es machte Livius reich und berühmt. Livius erwähnt nicht nur historische Ereignisse, sondern auch Einzelheiten aus dem Alltag.

**Marcus Antonius** (82-30 v. Chr.) Feldherr und Politiker. 44 v. Chr. war er mit Caesar Konsul. Nach Caesars Tod einigte er sich mit Oktavian; die beiden teilten das Römische Reich. Antonius herrschte mit seiner Geliebten Kleopatra über Ägypten. Später kam es zwischen den beiden Männern zum Krieg. Nachdem Antonius und Kleopatra von Oktavian in der Schlacht von Actium besiegt worden waren, begingen sie gemeinsam Selbstmord.

**Marcus Aurelius** (121-180 n. Chr.) Kaiser von 161-180. Er verbrachte einen Großteil seiner Regierungszeit im Kampf gegen die Barbaren an den Grenzen des Reiches. Seine Tagebücher, die »Meditationes«, entstanden in Heerlagern und zeigen ihn als friedliebenden Philosophen.

**Marius** (157-86 v. Chr.) Feldherr und Politiker. Als Feldherr erfolgreich in Spanien, Afrika und Gallien. Während dieser Zeit war er sechsmal Konsul (107, 104-100 v. Chr.) Marius nutzte seine Stellung zu einer Heeresreform. Danach zog er sich bis 88 v. Chr. aus dem politischen Leben zurück. Der anschließende Machtkampf zwischen Marius und Sulla war eine der Ursachen des Bürgerkrieges, der zum Zusammenbruch der Republik führte. 87 v. Chr. ergriff Marius die Macht. Im folgenden Jahr wurde er noch kurz vor seinem Tod zum siebtenmal Konsul.

**Martial** (um 40-104 n. Chr.) Dichter. Der in Spanien geborene Martial lebte lange Zeit in Rom. Seine Epigramme geben Auskunft über das römische Alltagsleben und einige schillernde Persönlichkeiten der Stadt. Er hat bittere Satiren verfaßt, in denen er vielen Römern ihre Fehler vorhält, aber auch Freunden Gedichte gewidmet und ergreifende Klagelieder geschrieben.

**Nero** (37-68 n. Chr.) Kaiser von 54-68. Anfangs war Neros Herrschaft erfolgreich und stabil, doch nachdem er sich vom Einfluß seiner Ratgeber (darunter Seneca) gelöst hatte, wurde er immer machtgieriger. Wer sich ihm widersetzte, wurde beseitigt (selbst seine Mutter Agrippina). Nach Angaben des Historikers Sueton veranstaltete er aufwendige öffentliche Spiele, in denen er selbst auftrat. Dafür waren Steuererhöhungen nötig. Nero soll den Brand Roms (64 n. Chr.) selbst gelegt haben, machte aber die Christen dafür verantwortlich. Er ließ sie daraufhin verfolgen. Schließlich wurde er zum Selbstmord gezwungen.

**Nerva** (um 30-98 n. Chr.) 96-98 Kaiser. Nach der Ermordung von Domitian ernannte der Senat Nerva zum Kaiser. Nerva stellte das Vertrauen in die Kaiserherrschaft wieder her, indem er den Senat respektierte. Die Einwände des Heeres gegen seine Ernennung besänftigte Nerva, indem er den Feldherrn Trajan zu seinem Nachfolger bestimmte. Nerva schuf damit ein neues System der Nachfolge (Adoptivkaiser). Nach ihm wählte jeder Kaiser seinen Nachfolger selbst und führte ihn in das Amt ein. Nerva bekämpfte auch die Armut der Bevölkerung.

**Oktavian**, siehe **Augustus**

**Ovid** (43 v. Chr.-18 n. Chr.) Dichter. Er wurde in Rom erzogen und studierte die Rechte, gab dies jedoch der Dichtung zuliebe auf. Sein Werk wurde in Rom sehr populär. Ovid war mit Horaz und anderen Dichtern befreundet. 8 n. Chr. wurde er von Augustus an das Schwarze Meer verbannt; die Gründe dafür sind nicht geklärt. Er ist nie mehr nach Rom zurückgekehrt. Sein bekanntestes Werk sind die »Metamorphosen«, 15 Bücher mit Dichtungen verschiedenen Inhalts, besonders Sagenstoffen. Ovids Dichtungen sind wegen ihres Bilderreichtums berühmt. Sie haben viele Künstler beeinflußt, darunter Rubens und Picasso.

**Petronius Arbiter** (lebte im 1. Jh. n. Chr.) Schriftsteller. Über sein Leben ist wenig bekannt, doch sind viele seiner Werke erhalten. Bekannt ist »Satyricon«, eine Erzählung über die Reise dreier Personen durch Süditalien. Das Werk ist ein bedeutendes Zeugnis der gesellschaftlichen Bräuche verschiedener Klassen zu jener Zeit. Es enthält auch historische Gedichte und kurze politische Kommentare.

**Plautus** (um 251-184 v. Chr.) Komödiendichter. Er soll über 130 Komödien geschrieben haben, von denen 21 erhalten sind. Sie folgen alle griechischen Vorlagen, enthalten aber Szenen aus dem römischen Leben, über die Plautus sich häufig lustig macht. Plautus hat viele spätere Dramatiker angeregt, darunter auch Shakespeare und Molière.

**Plinius** (um 61-113 n. Chr.) Schriftsteller und Jurist. Unter Trajan war er Konsul. Er veröffentlichte neun Bände seines Briefwechsels mit dem Kaiser, seinem Freund Tacitus und anderen. Sie sind klar und flüssig geschrieben und eine ausgezeichnete Quelle für Informationen über die damalige römische Welt.

**Plutarch** (46-126 n. Chr.) Schriftsteller. Er stammt aus Griechenland, lebte aber später in Rom. Viele seiner Werke mit wissenschaftlichen, literarischen, philosophischen und historisch-politischen Themen sind erhalten. In seinen »Vitae parallelae« (Vergleichende Lebensbeschreibungen) stellt er einen bedeutenden Griechen jeweils einem Römer gegenüber.

**Pompeius** (106-48 v. Chr.) Feldherr und Politiker. Er kämpfte mit Sulla gegen Marius und besiegte später den Sklavenaufstand des Spartakus. Aufgrund seiner Feldzüge konnte Kleinasien dem römischen Reich einverleibt werden. 60 v. Chr. schloß er sich mit Caesar und Crassus zu einem Triumvirat zusammen. Während Caesar in Gallien kämpfte, blieb er in Rom. Nachdem das Bündnis zerbrochen war, kehrte Caesar 49 v. Chr. nach Rom zurück und ergriff die Macht. Pompeius wurde in Ägypten geschlagen und starb.

**Seneca** (um 5 v. Chr.-65 n. Chr.) Schriftsteller, Philosoph und Jurist. Er wurde in Spanien geboren, verbrachte aber sein Leben hauptsächlich in Rom. 41 n. Chr. wurde er von Claudius verbannt, acht Jahre später von Agrippina als Lehrer für Nero aber wieder zurückgeholt. Unter Senecas Einfluß regierte Nero gut, vernachlässigte aber die Verwaltung, so daß sich Seneca 62 n. Chr. zurückzog. Drei Jahre später wurde er der Verschwörung gegen Nero angeklagt und zum Selbstmord gezwungen. Senecas bedeutendste Werke sind die »Epistulae morales« (Briefe zur Moral), in denen er seine philosophischen Vorstellungen darlegt, und die »Apocolocyntosis«, eine Satire auf die Vergöttlichung des Claudius.

**Sibylle** Von den Griechen und Römern benutzte Bezeichnung für verschiedene Seherinnen der Antike. Eine Sibylle bot ihre neun prophetischen Bücher Tarquinius Priscus an, einem König in der Frühzeit Roms. Als er sie nicht kaufen wollte, verbrannte sie drei davon und bot ihm die übrigen sechs an. Wieder lehnte er ab; die Sibylle verbrannte weitere drei Bücher und bot ihm die letzten drei zum ursprünglichen Preis der neun an. Diese Bücher kaufte Priscus; sie wurden in Rom unter der Aufsicht von Priestern aufbewahrt und für so heilig gehalten, daß man nur im äußersten Notfall in ihnen Rat suchte.

**Sueton** (um 69-140 n. Chr.) Historiker. Nach seiner Tätigkeit als Jurist wurde er Berater von Trajan, Hadrian und anderen. Sein wichtigstes Werk »Lebensbeschreibungen der Kaiser« ist vollständig überliefert. Darin betrachtet er die Herrschaft der führenden römischen Staatsmänner von Caesar bis Domitian. Er beschreibt nicht nur ihre politische Laufbahn, Aussehen, Persönlichkeit, Gewohnheiten und Familien, sondern schreibt auch über Klatsch, Skandale und Gerüchte.

**Sulla** (138-78 v. Chr.) Feldherr und Politiker. Seine ersten militärischen Erfolge hatte er als Offizier unter Marius, der später sein erbittertster Gegner wurde. Zwischen 88 und 86 v. Chr. kämpften die beiden ständig um die Macht. Nach Marius' Tod riß Sulla 86 v. Chr. mit seinem Heer die Macht in Rom an sich und rief sich zum Diktator aus. Er versuchte, die alten Rechte von Senat und Patriziern unter Ausschluß der Ritter wiederherzustellen, nachdem er seine Gegner beseitigt hatte (Proskriptionen, Ächtungslisten).

**Tacitus** (um 55-116 n. Chr.) Historiker. Tacitus diente als Offizier im Heer und bekleidete verschiedene politische Ämter, auch das Konsulat. Nach zeitgenössischen Zeugnissen soll er ein ausgezeichneter Redner gewesen sein. Seine bekanntesten Werke sind die »Annales« (Zeitgeschichte von der Regierung des Tiberius an bis zum Tod von Nero) und die »Historiae« (die Zeit der Kaiser von Galba bis Domitian).

**Terenz** (um 195-159 v. Chr.) Komödiendichter. Ein Freigelassener, dessen sechs Komödien, darunter »Phormio« und »Adelphoe«, nach griechischen Vorlagen entstanden. Das Publikum soll seine Komödien eher langweilig gefunden haben, vermutlich weil sie nicht so lebendig sind wie die des Plautus. Doch wurden seine Werke in der Kaiserzeit aufgeführt und waren noch im Mittelalter bekannt.

**Tiberius** (42 v. Chr.-37 n. Chr.) 14-37 Kaiser. Als Tiberius in Rom zum Kaiser ausgerufen wurde, hatte er sich bereits als Feldherr nach Rhodos zurückgezogen. Er soll ein ausgezeichneter Organisator und Verwalter gewesen sein, doch waren viele seiner Maßnahmen unbeliebt. Aus Angst vor einem Attentat zog er sich nach Capri zurück und überließ seinem Stellvertreter Seianus die Regierungsgeschäfte. Als Seianus dann die Macht ergreifen wollte, ließ Tiberius ihn hinrichten. Von da an war er mißtrauisch und tyrannisch. Jeder mögliche Gegner wurde zum Selbstmord gezwungen.

**Titus** (39-81 n. Chr.) 79-81 Kaiser. Er war der ältere Sohn von Vespasian. Die Zerstörung Jerusalems 70 n. Chr. unter seiner Führung ist auf einem Triumphbogen in Rom dargestellt. Sueton beschreibt ihn als sehr beliebt, großzügig und hilfsbereit. Nach dem Vulkanausbruch bei Herculaneum und Pompeii (79 n. Chr.) sowie nach einem großen Brand in Rom (80 n. Chr.) verteilte er an die Opfer Geld. Das Kolosseum in Rom und andere öffentliche Bauwerke wurden während seiner Regierungszeit vollendet.

**Trajan** (um 53-117 n. Chr.) 98-117 Kaiser. Er kam in Spanien zur Welt und leistete als Feldherr Hervorragendes. Seine militärischen Erfolge sind auf einer großen Säule in Rom, der Trajansäule, dokumentiert. Nach der Eroberung von Dacia und Parthien hatte das Reich sein größte Ausdehnung erreicht. Trajan ließ in Rom Thermen, Märkte, eine Basilika und ein neues Forum bauen.

**Vergil** (70-19 v. Chr.) Dichter. Er erhielt seine Erziehung in Cremona, Mailand und Rom. Sein erstes Werk, die »Bucolica«, sind Gedichte über das Landleben. 42 v. Chr. wurde sein Land zugunsten verdienter Soldaten eingezogen. Eine Weile lebte er in der Nähe Roms, später bei Neapel und anderswo. 30 v. Chr. vollendete er das Lehrgedicht »Georgica«. Während der letzten zehn Lebensjahre arbeitete er an der »Aeneis«, einem großangelegten Epos über die Gründung und Entwicklung der Stadt Rom.

**Vespasian** (9-79 n. Chr.) 70-79 Kaiser. Nach Neros Tod und der kurzen Regierungszeit von Galba, Otho und Vitellius kam er an die Macht. In kürzester Zeit stellte er in Rom die Ordnung wieder her. Seine Reformen führten zu politischer Stabilität. Vespasian entfaltete eine rege Bautätigkeit. Verschiedene Tempel wurden fertiggestellt und das Forum wurde restauriert. Unter Vespasian begann der Bau des Kolosseums.

**Vitruvius** (um 70 v. Chr. bis Anfang des 1. Jh. n. Chr.) Architekt und Ingenieur. Als Autor von »De architectura«, einem Werk über die Baukunst, wurde er sehr berühmt. Es umfaßt zehn Bände und befaßt sich mit Tiefbau, Stadtplanung, Statik und Baumaterialien sowie mit Techniken und Stilrichtungen des Kunsthandwerks am Bau. Es ist das einzige überlieferte Handbuch zur Architektur der Antike.

# Zeittafel

Diese Zeittafel enthält Daten der römischen Geschichte und anderer bedeutender Ereignisse, die gleichzeitig an anderen Orten stattgefunden haben.

## Die Zeit vor Christus

**Ab etwa 2000:** Einwanderung verschiedener Stämme von Norden nach Italien.
**Um 900:** Erste Siedlungen auf dem Palatin und Esquilin.
**Um 900:** Gründung Spartas in Griechenland.
**Um 800:** Die Etrusker erreichen Italien vom Meer aus.
**776:** Erste olympische Spiele in Griechenland.
**753:** Nach der Sage Gründung Roms. Die Stadt wird zuerst von Königen regiert. Einige von ihnen waren Etrusker.
**Um 750:** Griechen besiedeln die Südküste von Sizilien und Italien.
**Um 650:** Erste Münzen in Lydien (Kleinasien).
**Um 550:** Kyros der Große gründet das Persische Reich.
**510 oder 509:** Verjagung des letzten Königs aus Rom; Gründung der Republik.
**Um 505:** Kleisthenes führt in Athen die Demokratie ein.
**496:** Die Römer werden vom Latinerbund in der Schlacht am Regillus-See geschlagen.
**494:** Erster Streik der Plebejer.
**494:** Niederschlagung des ionischen Aufstandes durch die Perser.
**493:** Wahl der ersten beiden Volkstribunen.
**490:** Schlacht bei Marathon: Die Griechen besiegen die Perser.
**486:** Tod des Siddhartha Gautama, dem Begründers des Buddhismus.
**450:** Veröffentlichung des Zwölftafelgesetzes.
**450:** Keltische La-Tène-Kultur in Europa.
**449:** Die Zahl der Tribunen erhöht sich auf zehn.
**431-404:** Peloponnesischer Krieg zwischen Athen und Sparta.
**Um 400:** Führung Roms im Latinerbund.
**367:** Verabschiedung eines Gesetzes, daß ein Konsul Plebejer sein muß.
**366:** Wahl des ersten plebejischen Konsuls.
**338:** Roms Sieg über den gesamten Latinerbund; Auflösung des Bundes.
**334:** Alexander der Große erobert Kleinasien; 332 nimmt er Ägypten ein, 330 Persien. 329 erreicht er Indien.
**326:** Ausbruch der Samnitenkriege.
**323:** Tod Alexanders des Großen in Babylon.
**312:** Beginn des Baus der Via Appia.
**287:** Verabschiedung der Lex Hortensia: Alle Beschlüsse der Plebejerversammlung sollen Gesetzeskraft haben.
**286:** Endgültiger Sieg über die Samniten.
**280-272:** Kriege gegen Pyrrhus.
**Um 264:** Rom beherrscht Italien.
**264-241:** Erster Punischer Krieg.
**241:** Sizilien wird die erste römische Provinz.
**238:** Einverleibung von Sardinien durch Rom.
**220:** Bau der Via Flamina.
**218-202:** Zweiter Punischer Krieg.
**214:** Bau der großen Mauer in China.
**204:** Rom dehnt sich in Richtung Afrika aus.
**202:** Rom besetzt das karthagische Gebiet in Spanien.
**179:** Bau der ersten Steinbrücke über den Tiber.
**171-138:** Herrschaft von Mithridates I. von Parthien, der sein Reich bis Persien und Mesopotamien ausdehnt.
**Ab etwa 170:** Kleine griechische Siedlungen im Pandschab (Indien).
**149-146:** Der dritte Punische Krieg endet mit der Zerstörung Karthagos.
**133:** Rom erwirbt die Provinz Asien. Tiberius Gracchus wird Volkstribun.
**123:** Gaius Gracchus wird Volkstribun.
**121:** Einverleibung der Provinz Gallia Narbonensis.
**107:** Konsulat von Marius und Heeresreform.
**88:** Sullas Marsch auf Rom; Verbannung von Marius.
**87:** Marius erobert Rom zurück und stirbt im Jahr darauf.
**82-80:** Diktatur des Sulla.
**73-71:** Sklavenaufstand unter Führung von Spartakus.
**70:** Konsulat des Crassus und Pompeius.
**63:** Pompeius erobert die Provinzen Bithynia, Pontus, Kyrene, Syrien und Kreta.
**59:** Caesar wird Konsul.
**58-49:** Caesars Feldzug in Gallien.
**55-54:** Caesars Einfall in Britannien.
**53:** Tod des Crassus.
**49:** Caesar kehrt nach Rom zurück und ergreift die Macht. Zwischen ihm und dem Senatsheer unter Pompeius Führung kommt es zum Bürgerkrieg.
**48:** Tod von Pompeius in der Schlacht.
**45:** Caesar besiegt das Heer des Senats und wird Alleinherrscher über das Römische Reich.
**44:** Ermordung Caesars durch Brutus und Cassius.
**42:** Tod von Brutus und Cassius.
**Um 33:** Wachsende Spannungen zwischen Oktavian und Marcus Antonius führen zum Bürgerkrieg.
**31:** Sieg Oktavians über Antonius und Kleopatra in der Schlacht von Actium.
**27:** Prinzipiat Oktavians; er nimmt den Titel Augustus an.
**Um 5:** Jesus von Nazareth in Bethlehem geboren.

# Die Zeit nach Christus

**14:** Tod von Augustus; Tiberius wird Kaiser.
**14-37:** Herrschaft von Tiberius.
**17:** Tod des Historikers Livius.
**37-41:** Herrschaft von Caligula.
**41-54:** Herrschaft des Claudius.
**43:** Eroberung Britanniens.
**54-68:** Herrschaft von Nero.
**64:** Brand Roms; Beginn der Christenverfolgungen durch Nero, denen er den Brand in Rom zur Last legt.
**68-69:** Nach Neros Tod führen Machtkämpfe zu Bürgerkriegen.
**69:** Regierungszeit von Galba, Otho und Vitellius, bis Vespasian die Macht an sich reißt.
**69-79:** Herrschaft von Vespasian.
**79:** Eröffnung des Kolosseums in Rom, eines der größten Amphitheater des Reiches.
**79:** Ausbruch des Vulkans Vesuv, bei dem die Städte Herculaneum und Pompeii an der Westküste Italiens zerstört wurden.
**79-81:** Herrschaft des Titus.
**81-96:** Herrschaft von Domitian.
**96-98:** Herrschaft von Nerva.
**98-117:** Herrschaft von Trajan.
**112:** Vollendung des Trajanforums in Rom.
**117:** Mit der Eroberung Dakiens und Parthiens erreicht das Reich seine größte Ausdehnung.
**117-138:** Herrschaft von Hadrian.
**122:** Beginn der Errichtung des Hadrianwalls und anderer Grenzbefestigungen (Limes).
**138-161:** Herrschaft von Antoninus Pius.
**161-180:** Herrschaft von Marcus Aurelius.
**180-192:** Herrschaft von Commodus.
**193-211:** Herrschaft von Septimius Severus.
**211-217:** Herrschaft von Caracalla.
**212:** Alle freien Männer des Reiches erhalten das römische Bürgerrecht.
**217-218:** Herrschaft von Macrinus.
**218-222:** Herrschaft von Elagabal.
**222-235:** Herrschaft von Alexander Severus.
**235-284:** Ständig wechselnde Herrscher. Die Barbaren bedrohen die Grenzen des Reiches. Hunger und Seuchen herrschen überall in Europa.
**260-275:** Abfall Galliens von Rom.
**270:** Rom beginnt Teile des Imperiums aufzugeben, zieht sich aus Dacia zurück.
**271-275:** Bau der Aurelianischen Mauer um Rom.
**284:** Diokletian übernimmt die Macht; Teilung des Reiches in ein oströmisches und weströmisches Reich.
**284-305:** Herrschaft von Diokletian im Ostreich.
**286-305:** Herrschaft von Maximian im Westreich.
**301:** Das Edikt über Höchstpreise soll die Inflation bekämpfen.
**305-312:** Herrschaft von Constantius I.; danach Machtkämpfe, die mit dem Sieg Konstantins über Maxentius in der Schlacht an der Milvischen Brücke enden.
**312-337:** Herrschaft des Konstantin; Einigung des Reiches 324.
**313:** Konstantin erläßt das Edikt von Mailand, in dem die christliche Religion geduldet wird.
**330:** Konstantin verlegt den Hof nach Byzanz und gründet die Stadt Konstantinopel.
**337:** Konstantin läßt sich taufen.
**337-361:** Herrschaft der Söhne Konstantins.
**361-363:** Herrschaft des Julian Apostata; Rückkehr zur alten Staatsreligion.
**363-364:** Herrschaft des Jovian; Wiedereinsetzung des Christentums.
**364-392:** Herrschaft von Valentinian I., Valens, Gratian und Valentinian II.
**367:** Barbarische Völkerstämme fliehen vor den Hunnen westwärts und gründen auf römischem Gebiet Königreiche.
**379-392:** Herrschaft des Theodosius im Ostreich.
**392-395:** Wiedervereinigung des Reiches unter Theodosius.
**394:** Das Christentum wird offizielle Staatsreligion.
**395-423:** Herrschaft des Honorius.
**402:** Die Goten dringen nach Italien vor. Honorius verlegt den Kaiserhof von Rom nach Ravenna.
**404:** Erste Fassung der lateinischen Bibel (Vulgata).
**406:** Über den zugefrorenen Rhein können die Goten ins Römische Reich eindringen.
**409:** Die Vandalen fallen in Spanien ein.
**419:** Der Westgote Alarich nimmt Rom ein. Die Römer geben Gebiete in Britannien und Gallien auf.
**449:** Angeln, Sachsen und Jüten setzen nach Britannien über.
**455:** Die Vandalen landen von Afrika aus in Italien und zerstören Rom.
**475:** Die Westgoten gründen ein Königreich in Spanien.
**476:** Romulus Augustulus, der letzte weströmische Kaiser, wird von dem Germanen Odoakar abgesetzt, der sich zum König von Italien ausruft.
**486:** Chlodwig gründet das Königreich der Franken.
**491-518:** Herrschaft von Anastasius I., der als erster byzantinischer Kaiser gilt.
**527-565:** Herrschaft von Justinian.
**535-555:** Rückeroberung großer Teile des früheren Römischen Reiches durch Justinians Heere; diese Gebiete gehen bald wieder verloren.
**1453:** Eroberung Konstantinopels durch Sultan Mehmed II.

# Roms Vermächtnis

Der westliche Teil des Römischen Reiches löste sich im Jahr 476 n. Chr. mit der Absetzung des letzten weströmischen Kaisers Romulus Augustulus auf. Die römische Lebensweise war aber so verbreitet und fest verwurzelt, daß sie mit der Herrschaft der Barbaren nicht einfach verschwand. Einige Elemente der römischen Zivilisation blieben auch nach dem Zusammenbruch des Reiches bestehen und beeinflußten die folgenden Kulturen nachhaltig. Andere Teilbereiche des römischen Lebens – insbesondere Philosophie und Literatur – blieben im Mittelalter nur noch in den Klöstern und anderen Bildungszentren lebendig und wurden erst später von Schriftstellern, Künstlern und Gelehrten wiederentdeckt.

Durch die Römer sind uns auch die Fähigkeiten und das Gedankengut anderer antiker Kulturen überliefert. Ohne die Römer wäre viel Wissen über entlegenere Kulturen für immer verlorengegangen. Griechische Skulpturen und viele griechische Schriften existieren nur noch als römische Kopien. Die technischen Errungenschaften vieler alter Völker haben nur überlebt, weil die Römer sie übernommen und weitergeführt haben. Hier ein paar Beispiele für den anhaltenden Einfluß der römischen Kultur bis heute:

## Städte

Vor den Römern war städtisches Leben in einem großen Teil von Westeuropa nicht bekannt. Die Städte veränderten das Gesicht dieser Länder tiefgreifend. Sie lagen fast immer an günstigen Stellen, da die Römer bei ihrer Anlage stets geographische und politische Faktoren berücksichtigten. Viele moderne Städte gehen auf römische Stadtanlagen oder auf römische Städte zurück, welche die Römer aus kleinen Ansiedlungen entstehen ließen. Dies gilt für London, Paris, Lyon, Bordeaux, Köln, Toledo, Mailand und natürlich Rom.

Einige europäische Innenstädte entsprechen immer noch dem von den Römern stammenden Grundplan: ein weiter, freier Platz im Zentrum (Forum) und Straßen, die sich rechtwinklig schneiden. Manche Brücken, Märkte und andere öffentliche Einrichtungen befinden sich an den gleichen Stellen, an denen die Römer sie angelegt haben. Außerdem entwarfen Städteplaner noch lange Zeit nach den Römern Städte, die dem Schachbrettmuster griechischer und römischer Anlagen nachempfunden sind; dies gilt für New York und Lissabon.

## Verbindungswege und Verkehr

Die Römer haben in ganz Europa, Nordafrika und Asien Handels- und Militärstraßen angelegt. Deren Überreste und Verlauf sind auch heute noch deutlich erkennbar, da sie häufig als Richtschnur bei der Planung moderner Straßen und Bahndämme dienten. Der Radabstand war bei römischen Fahrzeugen normiert; dem entsprachen die Fahrrinnen in den Straßen. Heute ist dies die Spurweite vieler Eisenbahnschienen, denn die ersten Dampfzüge wurden in Gruben auf Trassen getestet, die von den Römern stammten.

## Architektur

Nur wenige nichtrömische Völker waren in der Lage, die römischen Bauwerke zu erhalten; einige zerstörten sie sogar. Städte verfielen, und man verwendete die Steine und den Marmor anderweitig. Doch sind viele römische Bauwerke so dauerhaft, daß sie bis heute erhalten sind. Die Leistungen und Errungenschaften der Römer in der Architektur und Bautechnik – Bogen, Kuppel und Mörtel – ermöglichten den Bau von riesigen Gebäuden, die auch heute fortleben. Manche Bauten sind sogar noch in Gebrauch, zum Beispiel das Pantheon in Rom sowie einige Theater und Amphitheater in ganz Südeuropa.

Dort, wo auch nach den Römern noch Bauwerke entstanden, wie im oströmischen Reich und in italienischen Städten, ahmten die Architekten anfangs die großen Bauwerke des antiken Rom nach. Im Byzantinischen Reich änderte sich dann allmählich der Baustil, doch hielt man sich auch dort weiterhin an die großen Kuppeln und Basiliken der Spätzeit Roms. Viele römische Basiliken wurden in dieser Zeit zu Kirchen umgewandelt.

Während der Renaissance entdeckten italienische Architekten wie Palladio (1518-1580) die Bücher des römischen Architekten Vitruvius, in denen die Gesetze und Stilrichtungen der klassischen Architektur der Griechen und Römer aufgezeichnet waren. Die Architekten der Renaissance hielten sich an diese Richtlinien. Einige kopierten römische Gebäude vollständig, andere berücksichtigten klassische Vorstellungen bei ihren Entwürfen. Zu dieser Zeit wurden auch viele original-römische Gebäude restauriert, zum Beispiel die Thermen des Diokletian in Rom, die als Kirche Santa Maria degli Angeli vom Renaissance-Künstler Michelangelo ausgestaltet wurde.

Auch bei Baustilen, die sich neu entwickelten, blieben die griechischen und römischen Prinzipien von Proportion und Planung häufig bestehen. Viele öffentliche Bauwerke aus dem 19. Jahrhundert sollten durch Säulen, Kuppeln und Bogenhallen die eindrucksvolle Wirkung des antiken Rom wieder aufleben lassen. Die National Gallery in London und der Louvre in Paris sind dafür gute Beispiele, aber die damaligen Großmächte Europas haben darüber hinaus in der ganzen Welt solche Gebäude errichtet, selbst in Indien, Afrika und Asien. Auch das Kapitol in Washington ist in diesem Stil erbaut.

## Malerei und Bildhauerei

In der Renaissance wandten sich die Künstler fasziniert den klassischen Statuen zu (meist griechischen, die als römische Kopien erhalten waren). Michelangelo und viele andere übernahmen die realistische Darstellung und paßten Proportionen und Ausdruck nur geringfügig ihren eigenen Vorstellungen an. Maler wie Botticelli legten ihren Werken häufig Mythen und Sagen der Antike zugrunde. Zu dieser Zeit waren aber erst wenige römische Fresken entdeckt worden, und mit der Ausgrabung Pompeiis im 18. Jahrhundert erhielten Malerei und Bildhauerei wieder neue Impulse. Auch viele moderne Künstler lassen sich von der klassischen Antike inspirieren.

## Sprache

Nach der Eroberung neuer Gebiete durch die Römer mußten die Einwohner jeweils Latein lernen, denn das war die neue Verwaltungssprache. Es war aber nicht die Hochsprache der Literatur und öffentlicher Reden, sondern die Alltagssprache der Bauern und Soldaten. Nach dem Zusammenbruch des Reiches überlebte dieses Latein in den ehemaligen Provinzen in Form von Dialekten, die sich später mit den Sprachen der eindringenden Völker vermischten. Daraus entwickelten sich die modernen europäischen Sprachen. Sie sind deshalb dem Latein häufig sehr ähnlich, so wie Portugiesisch, Italienisch, Spanisch, Französisch oder Rumänisch. Zu anderen Sprachen wie Deutsch und Englisch besteht keine so enge Verwandtschaft, doch enthalten auch sie viele ursprünglich lateinische Wörter.

Das formelle offizielle Latein hat die christliche Kirche bewahrt. Alle kirchlichen Zeremonien wurden in Latein abgehalten; außerdem sprach man in den Klöstern Latein. Da diese im Mittelalter auch Bildungszentren waren, wurde Latein Sprache der Gelehrten: Im 16. Jahrhundert war es in ganz Europa die Sprache von Gelehrten, Politikern und Wissenschaftlern. Bis heute ist das Latinum Voraussetzung für das Studium vieler Fächer.

## Recht

Das römische Rechtswesen überlebte aus mehreren Gründen den Zusammenbruch des Reiches. Es war überall Teil des regionalen gesellschaftlichen Lebens und zudem ganz genau aufgezeichnet. Die römischen Vorstellungen von Recht und Gerechtigkeit, wie sie im Kodex Justinians zwischen 528 und 534 n. Chr. aufgezeichnet wurden, sind bis heute bestimmend. So stützt sich das französische Recht noch weitgehend auf diesen Kodex. Die Rechtslehre anderer Staaten weicht zwar davon ab, hat ihren Ursprung aber ebenfalls darin.

## Regierung

Die Römer entwickelten nicht als erste die Idee eines Reiches, das heißt eines Staatsgebietes mit gleichem Recht und zentraler Regierung. Schon der makedonische Herrscher Alexander der Große eroberte weite Gebiete im östlichen Mittelmeerraum und in Asien, die zentral verwaltet werden sollten. Sein früher Tod ließ es nicht dazu kommen. Die Römer haben nicht nur ein riesiges Reich erobert, sondern es auch gekonnt verwaltet. Die eroberten Gebiete profitierten in den Bereichen Bauwesen, Handel und Rechtswesen sowie von der gewaltigen Wirtschaftskraft des gesamten Reiches. Das imperialistische System wurde von späteren Herrschern mit unterschiedlichem Erfolg nachgeahmt. 800 wählte der Frankenkönig Karl der Große ganz bewußt den Titel »Römischer Kaiser«. Dies behielten die fränkischen und deutschen Kaiser bei; sie bezeichneten ihr Staatsgebiet als »Heiliges Römisches Reich«. Dieser Titel hatte in Deutschland bis 1806 Bestand. Er belegt das Ausmaß, in dem das Römische Reich als Modell gedient hat.

Im 18. Jahrhundert beriefen sich die revolutionären Bewegungen in Frankreich und Amerika bei der Beseitigung der Monarchie auf die Ideale der römischen Republik. Die USA werden bis heute von einem Senat mitregiert, wie auch die Städte Hamburg und Berlin. Im 19. Jahrhundert schufen einige westeuropäische Länder weltweite Kolonialreiche, denen sie wie die Römer ihre Kultur und ihr Regierungssystem verordneten. Heute kann man die Europäische Gemeinschaft als eine Verlängerung der römischen Vorstellung eines gemeinsamen Reiches mit einem einheitlichen Währungs- und Steuersystem, einer zentralen Regierung und einem internationalen Gerichtshof betrachten.

Einige Elemente der regionalen Verwaltung der Römer haben in der römisch-katholischen Kirche überlebt. Das Amtsgebiet eines Bischofs, die Diözese, war ursprünglich eine staatliche Verwaltungseinheit Diokletians. Die Idee eines religiösen Reiches mit einem Führer, dem Papst, an der Spitze und eigenen Gesetzen ist dem römischen Staatsgedanken nachempfunden.

## Literatur und Philosophie

Die großen Werke der lateinischen Literatur und der römischen Geschichtsschreibung wurden im Mittelalter von Mönchen gesammelt und kopiert. Vom 13. Jahrhundert an zogen aus dem rasch zerfallenden Byzantinischen Reich ständig Mönche nach Westen. Sie brachten Schriften mit, die ein neues Interesse an der griechisch-römischen Antike hervorriefen. Dadurch entstand eine kulturelle Strömung, anfangs in Italien, später in ganz Europa, die unter der Bezeichnung Renaissance (Wiedergeburt) bekannt ist.

Die Renaissance erfaßte alle Lebensbereiche. Aus den Schriften der Alten entnahm man den Gedanken, daß es wichtiger ist, sich mit den Möglichkeiten des Menschen zu beschäftigen als mit seinen Fehlern, wie es die mittelalterlichen Gelehrten getan hatten. Wissen und Bildung befreiten sich von der Autorität der Kirche; es entstanden Schulen und Universitäten außerhalb der Klöster und Kirchen. Die medizinische und naturwissenschaftliche Forschung begann zu experimentieren. Die politischen, religiösen und technischen Veränderungen dieser Zeit kennzeichnen das Ende des Mittelalters.

Renaissance-Dichter wie Petrarca und Boccaccio orientierten sich an lateinischen Vorbildern, besonders an Vergil. Der holländische Gelehrte Erasmus von Rotterdam verbesserte sein Latein durch gründliche Studien von Ciceros Schriften. So gelangten über die Renaissance lateinische Stilformen und lateinisches Gedankengut bis in unsere Zeit. Aspekte der klassischen Literatur hatten ihren festen Platz in Dichtung und Philosophie: Shakespeares Dramenstoffe und Verdis Opernthemen sind nur zwei Beispiele dafür.

# Register

In diesem Register findest du alle wichtigen Wörter aus diesem Buch. Die kursiven Seitenzahlen weisen auf Karteneinträge hin.

## A

Abfall 49
Achaea 9, *26*
Actium (Schlacht bei) 20, 22
Adler 15
Adoptivkaiser 25, 76, 81
Adria *26*
*advocatus* 74
*aediles* 11, 81
Aeneas 5
Aequer *6*, 6
Afrika *4*, *8*, 8, *9*, 9, 13, *26*, 27, 30, *55*, 79
Ägäis *27*
*agger* 19
Agrippa 71
Agrippina 24, 84
Ägypten *27*
Alarich 78
Alba Longa *4*, 5
Alcantara 19
Alemannen *78*
Alexander der Große 91
Alexandria 21, 51
Allia (Fluß) *6*, 6
Alpen *4*, *8*, 8, *9*, *23*, 73
Alpes Cottiae *26*
Alpes Maritimae *26*
Alpes Penninae *26*
Alphabet 4
Altäre 34, 62, 64, 69
Ambrosius 79
Amphitheater 39, 59, 70, 81, 90
Amphore 21, 40, 81
Anarchie 76
Ancus Martius 5
Anna Perenna 60
*antefixes* 4
Antimon 43
Antonius Pius 25
Apennin *4*, 4
Apicius 38
*apodyterium* 60
Apollo 33, 64, 67
*apparitores* 27
Aquädukt 31, 70, 73, 81
*aquila* 15
*aquilifer* 15
Aquitanien *26*
Arabien *27*, 55
Architektur 70-71, 72-73, 90
Armband 41
Armenien *27*
Arno (Fluß) *4*, 4
Artillerie 28
Ärzte *68*, 69
*as* 54
Ascanius 5
Asia (Provinz) *9*, 9
Asia Minor *4*, 12
Äskulap 63, 69

Assyrien *27*
Astrologen 63
Atrium 34, 36, 38, 81
Auguren 63
Augustus (siehe auch Oktavian) 21, 22, 23, 25, 26, 27, 35, 54, 60, 63, 65, 75, 84
Augustus (Titel) 25, 76, 81
Aurelianische Mauer 32
*aureus* 54
Ausguck 29
*auxilia* 15, 28

## B

Baal 65
Babylon *27*
Bacchus 64
Backsteine 73
Bad(ehäuser) 30, 34, 38, 60-61, 70, 73
Badezimmer 34, 45
Baetica *26*
*ballista* 28
Banken 55
Bankette 39
Baptisterium der Orthodoxen 78
Barbaren 25, 26, 27, 45, 76, 78, 79, 81, 90
Basilika 31, 33, 70, 74, 81, 90
Bauern 6, 10, 25, 44, 46-47, 55, 66, 78
Baumwolle 42
Bautechnik 72-73
Bauten 30-31, 70-71, 80
Befestigungsanlage 25, 26, 28, 29
Belagerung 28
Belgien *26*
Bellona 64
Beneventum (Schlacht bei) 7
Beruf 52-53
Bestattung 4, 15, 30, 49
Bett 36
Beute 21
Bibliothek 51, 60
*bisellium* 36
Bithynia *9*, 9, *27*
Boccaccio 91
Bogen 33, 70, 71, 73, 90
Bona Dea (Riten) 67
Bordeaux 90
*bracae* 17
Bräutigam 48
Braut 48
Britannicus 24
Britannien 13, 24, 25, *26*, 28, 45, 77, 78, *79*
Bronze 41, 54
Brücken 19, 70, 73
Brutus 13, 22, 84
Bücher 51, 79
*bulla* 43, 48, 81
Bürger 10, 12, 14, 15, 26, 42, 45, 48, 52, 53, 55, 63, 64, 75, 81
Bürgerkrieg 13, 22, 23, 24, 76
Bürgerrecht 7, 10, 15, 24, 76, 81
Burgunder *79*, 79, 81
Byzantinisches Reich 80, 90
Byzanz 77

## C

Caesar (Titel) 25, 76, 77, 81
Caesar, Julius 9, 13, 16, 22, 84
Caesariensis *26*
*calcei* 43
*caldarium* 61
Caledonia *26*
*caligae* 23
Calligula, siehe Gaius
Campania 7, 38
*Campus Martius* 14, 56, 66, 81
Cannae (Schlacht bei) *8*, 8
*capita et navia* 56
Capua 18
Caracalla 76
Caracalla-Thermen 61, 76
Caria *27*
*Caristia* 66
*carpentum* 18
*carruca* 18
Carthago Nova *8*
Cassius 12, 32
*cathedra* 36
Cato 47, 84
Catullus 84
*cella* 70
*cena* 38
*cenaculum* 34, 82
*censor (censores)* 11, 81
census 81
Ceres 62, 64, 67
Chor 57
Christentum 24, 33, 51, 65, 77, 78, 79, 80, 81
Cicero 22, 50, 84, 91
Cilicia *9*, 9, *27*
Circus 58
*Circus Maximus* 59
*cisium* 18
*cives* 10
Claudius 20, 24, 33, 65, 69, 84
*cliens (clientes)* 10
*codex* 51
Colosseum 24, 70
*columbarium* 49
Commodus 76
*Compitalia* 66
*compluvium* 34
Constantius II. 78
*consul* 11, 12, 13, 27, 66, 81
*contubernium* 15, 17, 81
*corvus* 8, 20
Crassus 13, 84
Cremona (Schlacht bei) 24
Cumae 63
Cupido 64
*curia* 31
*cursus publicus* 19
Cyrenaica *9*, *27*, *55*

## D

Dacia 25, *26*
Dalmatien *26*
*De Agri Cultura* 47
*decimatio* 16
*defrutum* 38
*denarius (denarii)* 16, 54, 81
Diana 62, 64, 67
Dichter 38, 39, 47
Didius Julianus 76

*didrachma* 54
Diktator 11, 12, 13, 81
Diokletian 61, 76, 84
Diokletian-Thermen 71, 90
Dis 64
Discorides 68
Domitian 16, 25, 85
*domus* 31, 34, 81
Donau *23*, 23, 24, 76
*dupondius* 54

## E

Edelmetalle 41, 54
*edictum* 75
Ehe 48
Einäscherung 49
Einrichtungsgegenstände 36
Elagabalus 76
Elysium 49
Epirus 7, *26*
Epona 65
*equites* 10, 12, 13, 55, 81
Erasmus 91
Ernährung 16, 38-39, 46, 47, 55
Erziehung 50-51
Etrurien *4*, 4
Etrusker 4, 5, *6*, 6, 62, 69, 70, 81
Europäische Gemeinschaft 91
Exil 74

## F

Fahrzeuge 18-19
Familie 10, 48, 49, 50, 62, 66, 67
Farben, Farbanstriche 37
*fasces* 5
Faunus 64
Feldherr 12, 17, 24, 26
Fenster 34
Fest 62, 66-67
Feuerwehr 35
*fibulae* 42
Flavische Dynastie 24
Flora 64, 67
*Floralia* 67
Flotte 8, 20
Fors Fortuna 67
Fortuna 67
*forum (fora)* 25, 31, 49, 64, 76, 81
*forum boarium* 52
Franken *78*, *79*, 79, 91
Frankreich 91
Freigelassene 10, 39, 53, 55, 75, 76, 82
Freizeitbeschäftigung 56
Fresken 37, 44
*frigidarium* 60
Frisuren 43
*fucus* 43

## G

Gaius 23, 85
Galatia *27*
Galba 24
Gallia Narbonensis 9
Gallien *9*, 9, 13, 22, *26*, *55*, 65, *79*, 79

Gallier 82
*garum* 38
Gasthaus 19, 35, 40
Geburt 48
Geld 54
Geldverleiher 55
Gemme 22, 41, 82
*genius* 62
*gens* 10
*Georgica* 47
Gerichtsbarkeit 74
Germania 25, 26, 28, *55*, 78
Gesetze 11, 12, 13, 15, 23, 26, 74, 75, 80
Gesundheit 63, 68, 69
Gewölbe 71
Gladiator 58, 59, 75
Glas 39, 41
Gold 39, 41, 54
Goten 78, 82
Gottheiten 33, 34, 48, 62, 64-65, 69, 78
Grabmäler 30, 49
Gracchus, Gaius 12
Gracchus, Tiberius 12
*grammaticus* 50
Grenzen 26, 27, 28
Grenzwälle 25, 26, 28, 29
Griechen(land) 4
   Architektur 27, 30, 37, 70
   Einwanderer 5
   Gottheiten 62, 64
   Handel 4
   Kriege 9, 13
   Kunst 90
   Literatur 90, 91
   Medizin 68
   Münzen 54
   Sklaven 50, 53
   Tempel 62
*groma* 18, 73
Große Muttergöttin 65
Grundbesitzer 12, 44, 46

# H

Hades 49, 82
Hadrian 25, 26, 28, 75, 85
Hadrianswall 25, 28-29, 85
Hadrian-Villa 45
Hafenanlagen 20
Halsbänder 41
Handel 4, 5, 8, 10, 18, 19, 20, 21, 31, 55
Handelsschiffe 20, 21
Handwerker 52
Hannibal 8
*haruspices* 63
*hastae* 14
*hastati* 14
Hausgötter 34, 62-63, 83
Heer 14-15, 16-17, 18
   zur Zeit der Republik 6, 7, 10, 12, 13
   zur Zeit des Kaiserreiches 24, 25, 26-27, 76, 78
   zur Zeit Oktavians 22
Heerlager 27, 28, 29
Heiliges Römisches Reich 91
Heizung 34, 36, 61
Helm 17
Herberge 19

Hercules 65
Herniker *6*, 6
Hippodamos 30
Hippokrates 68
Hispania (Spanien) *26*, *55*
Hochzeit 48
*honestiores* 74
Honorius 78
Horaz 56, 85
*humiliores* 74, 75
Hunnen *78*, 78, 82
Hygieia 69
Hypocaustum (Heizsystem) 34, 61, 82

# I

Illyrien *26*, *55*
Imperium 82
*impluvium* 34
*imus* 39
Instrumente 39
*insula (insulae)* 31, 34, 35, 82
Isis 65
Islam 80
Italien 4, 5, 6, 7, 8, 9, 30, 62, 78, 79

# J

Jahreszahlen 5, 7, 9, 13, 22, 25, 77, 79, 80, 88
Janus 62
Jerusalem 25, 65
Josephus 17
Jovian 78
Judäa *27*, 65
Juden 65
Judentum 65
Julia Mamaea 76
Julian 78, 85
Julianus Salvius 75
Julius Caesar (siehe Caesar, Julius)
Juno 62, 64, 67
Jupiter 64, 66, 67
Justinian 80, 85, 91
Juvenal 85

# K

Kaiser 22, 82
Kaiserreich 2, 82, 91
   Frühzeit 22-23, 24-25
   Spätzeit 76-77, 78-79
   Verwaltung 26-27
Kalender 48
Kamee 22, 41, 70, 82
Kanalisation 5, 34
Kapitol(inischer Hügel) 5, 6
Kappadokien *27*
Karl der Große 91
Karthager 8, 11, 81
Karthago *8*, 8, 9, 12, 65, 82
Katapult 28
Kaufleute 4, 5, 8, 10, 18, 19, 31, 55
Kelten 6, 82
Kinder 10, 48, 50, 56
Kirche 78, 80. 91
Kleidung 42-43, 52

Kleinasien 4, 12
Kleopatra 22, 65, 86
Klöster 79, 90
Knaben 48, 50
Kochrezepte 38-39
Kochtöpfe 40
Köln 90
Kohlebecken 35, 36
Kohorte 15, 28, 82
Kolosseum 15, 17, 81
Kolonie 23
Kolonisierung 7
Konstantin 27, 54, 65, 77, 78, 85
Konstantin-Bogen 33
Konstantinopel 77, *80*, 80
Konsul 11, 12, 13, 27, 66, 81
Korinth 9, 9
Korsika *4*, 4, *8*, 8
Krankenversorgung 68, 69
Kreta 9, 9, *27*
Kreuzigung 75
Küche (Speisen) 16, 35, 38-39, 40
Kücheneinrichtung 49
Künstler 35, 47
Kupfer 54
Kuppel 71, 90
Kybele 65, 66
Kyrene 9, 9

# L

*laconicum* 61
Läden (Einkaufen) 34, 35, 52, 69
Lampen 36
Landgüter 12, 14, 44, 45, 46-47
Landleben 44, 45, 46, 47
Landwirtschaft 6, 10, 25, 44, 46-47, 55, 66, 78
*lararium* 34, 62, 82
*lares* 62
Latein 7, 80, 91
Latiner 5, 82
Latinerbund 6, 7, 88
Latinus (König) 5
Latium *4*, 4, 5, *6*, 6, 62, 82
Laurentum *4*, 5
Lavinia 5
*legatus (legati)* 15, 27, 82
Legion 14, 15, 16, 17, 23, 24, 26, 27, 28, 29, 78, 82
Legionär 16, 17
Lehrer 50
Leinen 42
Lendentuch 42
Lepidus 22
Leuchtturm 21
Liege 36, 38, 39
*liquamen* 38
Lissabon 90
Literatur 90, 91
Livia 85
Livius 6, 85
Livius Andronicus 57
London 90
*lorica segmentata* 17
Louvre 90
*ludi* 58, 82
*Ludi Apollinares* 67
*Ludi Ceriales* 67
*ludi circenses* 58

*Ludi Florales* 67
*Ludi Megalenses* 66
*Ludi Plebeii* 67
*Ludi Romani* 67
*ludi scaenici* 58
*ludus* 50
Lukaner 7
*Lupercalia* 66
Lusitania *26*
Lycia *27*
Lydia *27*
Lyons 90

# M

Mädchen 48, 50
*magister equitum* 11
Magna Graecia *4*, 4
Mahlzeiten 38-39
Mailand 90
Maison Carrée 70
Makedonien 9, 9, 26
Make-up 43
*manes* 62
Manipel 14, 15
*mansiones* 19
Marcus Antonius 20, 22, 26, 85
Marcus Aurelius 25, 76, 85
Marius 12, 15, 85
Mars 62, 64, 66
Marsfeld 14, 56, 66, 81
Mars Lenus 65
Martial 86
Maske 57
Mauretanien 24, *26*, *55*
Maxentius 77
Maximian 76, 77
Maximius Thrax 76
*medius* 39
Medizin 68-69
Mehmet II. (Sultan) 80
Meilenstein 18
Melkart 65
Mesopotamien *27*
Messana *8*, 8
Metall 36
Metallbearbeitung 39, 52, 73
Michelangelo 90
Mietskaserne 30, 31, 34, 35, 40
Militärische Ausbildung 16
Militärlager 17, 29
Minerva 62, 64, 67
Mithras 65
Mithridates 12
Mittelalter 90, 91
Mittelmeer(raum) 7, 8, *9*, 9, 21, *26*
Möbel 36
Mode 42-43
Moesia *27*, 83
Mohammed 80
Molière 91
Mönche 79, 91
*monopodium* 36
Mörtel 70, 71, 72, 90
Mosaik 37, 38, 44, 45, 72, 80, 82
*mulsum* 38
*munera* 58
Münze 54
Musik(er) 39, 49, 62
Mutina (Schlacht bei) 22
Mysia *27*

## N

Nadel 42
Naher Osten *4*, 4
Nahrungsmittel 16, 38-39, 46, 47, 55
Narbonensis 26
Navigation 21
Neapel *4*, 4, 6
Neptun 62, 64
Nero 24, 33, 86
Nerva 25, 86
New York 90
Nichtbürger 10
Nicomedia 76
Nomade 26, 82
Nordafrika *4*, *8*, 8, 30, 90
Noricum *26*, *55*
Numa Pompilius 5
Numidien 26
*numina* 62

## O

Odoakar 79, 82, 89
Öffentliche Bäder 30, 60-61, 73
Ohrringe 41
Oktavian (siehe auch Augustus) 9, 13, 20, 22
Oliven 47
*onager* 28
Opfer 63, 64
*optimates* 12, 13
*optio* 15
*ordo* 31
Ostgoten *78*, *79*, *80*, 82
Ostia 20
Oströmisches Reich 76, 77, *78*, 78, 79, 80
Otho 24
Ovid 86

## P

*paedagogus* 50, 82
Palästina 65
Palatin(ischer Hügel) *5*, 5
*palla* 42
Palladio 90
Pamphylia *27*
Pannonia *26*, *55*
Pantheon 71, 90
Papst 91
Papyrus 36, 51, 82
*Parentalia* 66
*Parilia* 67
Paris 90
*paterfamilias* 10
Patrizier 10, 11, 55, 66, 82
Patronat 10
*patronus (patroni)* 10
Peloponnes *80*, 80
*penates* 62
*peregrini* 10
Pergament 51
Pergamon *9*, 9
Peristyl 34, 70, 83
Pertinax 76
Petrarca 91
Petronius Arbiter 86
Pharos (in Alexandria) 21

Philippi (Schlacht bei) 22
Phönizien *27*
Phönizier 4, 8, 20, 65, 83
Pisidia *27*
*pistrina* 30
Plautus 57, 86
Plebejer 10, 11, 12, 83
Plinius 86
Plutarch 86
Po (Fluß) *4*, 4
Politiker 14, 50
Pomona 64
Pompeii 90
Pompeius 13, 56, 86
Pont du Gard 70
*Pontifex Maximus* 63
Pontus *9*, 9, *27*
*populares* 12
Portus 20
*posca* 16
Postverkehr 19
*praefectus castorum* 15
*praeficae* 49
*praetor (praetores)* 11, 27, 74, 83
*prandium* 38
Prätorianer (Leibgarde) 23, 24, 25, 76, 83
Priester 62, 63
Priesterinnen 62
*prima cohors* 15
*princeps* 22, 54
*principes* 14
Prinzipat 23, 84
*procuratores Augusti* 27
Prokonsul 11, 13, 83
Provinz 9, 10, 11, 18, 22, 24, 26, 27, 30, 33, 44, 55, 65, 74, 76, 83
Ptolemäus Apion 9
*pulpitum* 57
Punische Kriege 8, 9, 20, 83
Pyrrhus (König) 7

## Q

*quadrans* 54, 60
*quaestor (quaestores)* 11, 27, 83
Quecksilber 64, 67
*quincunx* 14
*quinqueremes* 20
Quirinus 64

## R

Racine 91
Rad 19
*raeda* 18
Raetia *26*, *55*
Rasur 43
Ravenna 78, *79*, 79, *80*, 80
Rechtsanwälte 74, 75
Rechtsprechung 74-75, 80, 91
Regierung 91
  in den Provinzen 27
  und Finanzen 55
  zur Kaiserzeit 23, 53, 58
  zur Zeit der Republik 10, 11, 12, 16
Regillus-See (Schlacht am) *6*, 6

Reisen 18-19, 21
Reiterei 10, 14, 15, 27, 28, 81
Religion 10, 58, 62-63, 65, 77
  und Medizin 68-69
Religiöse Feste 38, 66-67
Remus 5
Renaissance 90, 91
Rennbahn 58
Republik 83
  Frühzeit 5, 6-7
  Spätzeit 12-13
Rhein *9*, *23*, 23, 24
*rhetor* 50
Rhône 8
Richter 11, 74, 75
Ringe 41
Rom (Stadt) *8*, 32-33, *78*, 90
  Bäder 61
  Brand 24
  Eroberung (Sacco di Roma) 78
  Feste 6, 67
  Frühzeit 4, 5, 6, 8, 12, 13
  Könige 5
  Rechtsprechung 74
  Straßen nach 18
Romulus 5
Romulus Augustulus 79, 90
Ruder 20, 21
Rüstung 17

## S

Sabiner *6*, 6
Säulen(formen) 70
Samniten *6*, 6, 7
Samnitenkriege 6
*samnum* 36
Santa Maria degli Angeli (Kirche) 71, 90
Santa Sophia (Kirche) 80
Sardinien *4*, *8*, 8
Sarkophag *4*, 48, 49
*Saturnalia* 67
Schauspieler 57
Schiff(sbau) 8, 20-21
Schild (Schutz) 14, 17, 28
Schmuck 41, 52
Schriftsteller 57
Schuhwerk 3, 17, 23, 24, 43
Schulunterricht 50
Schwarzes Meer *27*
Schwert 14, 17
*secundae mensae* 38
Seide 42
Sejanus 23
*sella* 36
*semis* 54
Senat 11, 12, 13, 22, 23, 24, 25, 27, 75, 76, 77, 83
Senator 6, 12, 22, 23, 24, 26, 42, 83
Senatsgebäude 6, 13
Seneca 24, 86
Septimus Severus 76
Servianische Mauer 76
Servius Tullius 5
*sestertius* 54
Severus Alexander 76
Shakespeare 91
Sibylle 63, 86
Sieb 40

*signifer* 15
Silber 39, 41, 54
Silvanus 54
Sippe 10
Sizilien *4*, 4, 5, 7, *8*, 8
Sklave 10, 14, 38, 39, 40, 50, 55, 69, 83
  als Bauarbeiter 72, 73
  als Knechte 46
  Aufstände 13, 53
  Tätigkeiten 52, 53
Sold 14, 15, 16, 17, 26, 76
Soldat 5, 11, 12, 14, 15, 16-17, 20, 23, 26, 28, 29, 55, 65, 76, 77, 78
*solidus* 54
Solway (Fluß) 28
Soße 38, 40
Spalatum 77
Spanien *8*, 8, 9, 13, 22, *23*
Spartakus 13, 53, 85
Speer 14, 17, 28
Spiele 56, 57, 58, 59, 75
Spielzeug 48, 56
*spina* 59
Spoletium *7*, 7
Sprache 91
Staatsdienst 24, 27, 53, 76, 77
Staatsreligion 62, 63
Städte(bau) 26, 29, 30-31
Stadtleben 26, 90
Stadtmauer 5, 6, 30, 32
Stadtrat 31
Statthalter 9, 11, 13, 27, 74, 75, 83
Statue 4, 37, 45
Steuern 10, 25, 26, 27, 54, 55, 76, 77
*stola (stolae)* 42
Straßen(bau) 18-19, 30, 31, 90
Stühle 36
*stylus* 51
Styx (Fluß) 49
Sueben *78*, 78
Sueton 24, 87
Sulla 12, 13, 87
*summus* 39
Syrakus *4*
Syrien *9*, 9, 22, *27*, *55*

## T

*taberna (tabernae)* 19, 90
*tablinum* 34, 36
Tacitus 87
*tali* 56
Tanit 65
Tarent *7*, 7
Tarquinius Priscus 5
Tarquinius Superbus 5
Tarraconensis *26*
Tartarus 49
Tauschhandel 54
Taverne 19, 35, 40
Tempel 31, 33, 62, 63, 65, 70, 78
*tepidarium* 61, 71
Terenz 57, 87
Terrakotta 4, 36, 83
*teserarius* 15
*testudo* 28
Theater 30, 56-57, 90, 91
Theodosius 78

Thermen *(thermae)* 30, 34, 38, 60-61, 70, 73
*thermopolia* 30
Thrakien 24, *27, 80,* 80
Thurii *7,* 7
Tiber (Fluß) *4, 4, 5,* 5, 20, 32, 66, 67, 69
Tiberius 23, 87
Tiere
   an Festen 66, 67
   auf dem Bauernhof 46, 47
   Opfertiere 63
   Schaukämpfe 59, 74
Timgad 30
Tingitana *26*
Tische 36
Titus 25, 87
Tivoli 45
Tod 49
Toga 5, 42, 83
*toga praetexta* 43, 53, 83
Toiletten 35, 73
Toledo 90
Töpferei 39, 40
*tormenta* 28
Trajan 25, 26, 59, 87

Trajansäule 25, 32
Tretmühlen 73
*triarii* 14
Tribun 11, 12, 13, 14, 83
*tribunus militum* 15
*triclinium* 34
*triremes* 20
Troja 5
*Tubilustrium* 66
Tullus Hostilius 5
Tunika 17, 42, 43
Tusculum *7,* 7
Tyne (Fluß) 28

# U

Uniformen 17
Unterwäsche 42
Unterwelt 49, 64

# V

*vallum* 29
Vandalen *78,* 78, *79,* 79, *80,* 83
*velites* 14

Venus 62, 64
Verbrechen 74, 75
Verdi 91
Vergil 47, 87, 91
Verrat 23
Verwaltung 13, 53, 76
Verzierungen (Innenausstattung) 37, 44
Vespasian 24, 87
Vesta 62, 64, 66, 67
*Vestalia* 67
Vestalinnen 64, 67
Via Appia 18
Viadukt 19, 83
*vigiles* 35
Villa (*villa*) 44-45, 47, 83
*villa rusticana* 45
*villa urbana* 44
Vitellius 24
Vitruvius 87, 90
Volkstribun 11, 12, 13, 83,
Volksversammlung 11, 12, 75, 83
Volkszählung 7
Volsker *6,* 6
Volturno (Fluß) *4,* 4
Vulcanus 64

# W

Waffen 14, 15, 17, 28
Wagen 18, 19, 58
Wagenrennen 58
Wahlen 10, 11
Wasserrad 73
Wein 38, 47
Weissager 63
Westgoten *78,* 78, *79, 80,* 83
Weströmisches Reich 76, 77, *78,* 78, 79, 80
Wohnen 31, 34, 36, 37, 40, 44, 45,
Wolle 42

# Z

Zahnbehandlung 69
Zama (Schlacht bei) *8,* 8
Zement 70, 71, 72, 90
Zenturie 14, *14,* 83
Zenturio 15, 17, 81
Zugbrücke 28
Zwölftafelgesetz 11, 74, 75, 88

---

95 94 93 92 92   5 4 3 2 1

© 1992 für die deutsche Ausgabe
ars edition, München
Aus dem Englischen von Ulrike und Manfred Halbe-Bauer
Redaktion und Koordination der deutschen Bearbeitung:
Brigitta Taroni
Titel der Originalausgabe: »The Romans«
© 1990 Usborne Publishing Ltd., London
Redaktion der Originalausgabe: Jane Chisholm
Beratung: Anne Millard
Gestaltung: Radhi Parekh, Robert Walster, Iain Ashman
Umschlaggestaltung: Atelier Langenfass, Ismaning
Alle Rechte vorbehalten · Printed in Great Britain

ISBN 3-7607-4570-9

Die Deutsche Bibliothek – CIP-Einheitsaufnahme

Die **Römer** : Geschichte – Alltag – Kultur / Graham Tingay.
Ill.: Ian Jackson …
[Aus dem Engl. von Ulrike und Manfred Halbe-Bauer]. -
München : Ars-Ed., 1992
   Einheitssacht.: The romans <dt.>
   ISBN 3-7607-4570-9
NE: Tingay, Graham; Jackson, Ian; EST

Wir danken dem Museo della Civiltà Romana in Rom für die Genehmigung der Abbildung der Stadt Rom auf den Seiten 32-33 sowie Lynn Bresler für ihre freundliche Unterstützung.

ISBN 3-7607-4509-1

ISBN 3-7607-4510-5

ISBN 3-7607-4511-3

ISBN 3-7607-4533-4

ISBN 3-7607-4512-1

ISBN 3-7607-4534-2

ISBN 3-7607-4523-7

ISBN 3-7607-4531-8

ISBN 3-7607-4522-9

ISBN 3-7607-4532-6

ISBN 3-7607-4516-4

ISBN 3-7607-4517-2

ISBN 3-7607-4518-0

ISBN 3-7607-4556-3

ISBN 3-7607-4572-5

ISBN 3-7607-4555-5